La cuisine antiraplapla

Amy Webster

La cuisine antiraplapla

Carnet de 60 recettes crues
pour se détoxiner, renforcer son immunité
et retrouver sa vitalité

Soliflor

Illustrations Nicolas Viot

Avenue de l'Armée, 29 – B-1040 Bruxelles
www.soliflor.be

ISBN : 978 2 930543 5 98
Dépôt légal : D/10444/2015/03

TABLE DES MATIÈRES

LES NOTIONS ÉLÉMENTAIRES

LES RECETTES

Les boissons revitalisantes

Les petits déjeuners

Les salades

Les soupes, crèmes et veloutés

Les plats

Les desserts

LES NOTIONS ÉLÉMENTAIRES

L'ALIMENTATION VIVANTE

L'alimentation vivante est bien plus qu'une manière de s'alimenter, c'est une philosophie de vie.

UN RETOUR AUX SOURCES

Cette manière de se nourrir nous ramène aux souvenirs d'enfance d'une époque moins industrialisée et plus proche des produits de la terre, et fait rejaillir les plaisirs d'antan quand on se réjouissait de l'arrivée du printemps avec les pissenlits, les asperges, les morilles ou les premières fraises, tous les délices que la nature nous offre au sortir de la saison froide.

Les principes de base

▷ **Stimuler la vie en nous et autour de nous**. Choisir soigneusement ses aliments, les préparer de telle manière à en préserver tous les éléments nutritifs, est en effet une manière de prendre soin de soi, de ceux que l'on nourrit, mais aussi de la planète tout entière et de son écosystème. Manger « vivant » c'est stimuler la vie qui est en nous et sauvegarder la vie qui nous entoure.

▷ **Vivre sereinement**. Cette alimentation, pratiquée au quotidien, nous transforme à l'intérieur comme à l'extérieur. Elle nous régénère et nous détoxifie, ce qui a pour effet de nous apporter énergie, immunité et sérénité.

▷ **Être aligné avec le calendrier**. L'alimentation vivante nous reconnecte au plus profond de nous-même, ainsi qu'avec la terre et tout ce qui nous entoure. Bien naturellement, c'est au rythme des saisons et des cycles de la vie que l'on nourrit son corps, son esprit et son cœur avec les produits que Mère Nature nous apporte

en abondance. Ainsi les saisons vont-elles sagement, et généreusement, guider nos choix.

▷ **Énergiser et purifier son corps**. Nos contrées d'Europe occidentale ne sont pas le terreau de fruits tropicaux juteux et savoureux, néanmoins à notre disposition toute l'année, mais elles nous offrent en revanche le magnifique contraste des saisons. Pratiquer l'alimentation vivante au gré des saisons est une expérience purificatrice et énergisante.

LA SAGESSE DE NOS ANCÊTRES

Vivre avec les saisons est meilleur pour notre santé comme pour celle de la planète tout entière.
C'est une question qui ne se posait même pas à l'époque de nos grands-parents, mais qui requiert aujourd'hui un engagement volontaire, un choix motivé, dans une société de surabondance permanente, mais souvent déconnectée de la sagesse de la nature.

ET LE CRU DANS TOUT ÇA?

Dans cette série spéciale de deux tomes de recettes crues (tome 1: printemps-été; tome 2: automne-hiver) qui se déclinent au gré des saisons, nous vous invitons à intégrer toujours plus de cru dans votre quotidien, et à profiter des aliments de saison qui vont offrir à votre corps précisément les nutriments dont il a besoin à ce moment-là!

Le cru et le vivant, ce sont des aliments purs et non transformés, qui n'ont pas été chauffés à plus de 42°C, température à laquelle les précieuses enzymes sont détruites.

L'ART DU CRU

La variété et les multiples saveurs s'expriment sous forme de :
- jus
- smoothies
- salades
- soupes
- crackers
- pâtés
- desserts

et bien d'autres préparations, certaines de type gourmet.

L'ALIMENTATION CRUE

Il s'agit d'une alimentation pure, végétalienne, exempte de gluten, de produits laitiers, de protéines d'origine animale et de tous les produits industriels, raffinés, transformés, traités et manipulés en raison des nombreuses toxines que ceux-ci engendrent et des problèmes digestifs et de santé en général qu'ils génèrent.

Les principaux aliments

Des légumes, des fruits, des oléagineux, des graines et céréales germées, des jeunes pousses, des algues, des épices, des herbes, etc.

Les principaux bienfaits

Ils sont nombreux, à commencer par:
- une réduction voire une élimination des problèmes digestifs, des intolérances alimentaires, des allergies, des affections de la peau
- un sommeil plus réparateur
- un système immunitaire renforcé
- de bonnes performances intellectuelles et sportives
- une amélioration de la concentration

- une stabilisation de l'humeur
- un meilleur équilibre nerveux, etc.

Les aliments à privilégier

▷ À la belle saison

La nature, dans son infinie sagesse, nous fournit au printemps et en été des aliments drainants, astringents et diurétiques tels que les pissenlits, les asperges, le fenouil, l'ail des ours, les artichauts, les radis, les fraises, etc. et une multitude de verdures et de fruits juteux et succulents.

▷ En toutes saisons

À ces aliments de saison, rajoutons ceux que l'on peut trouver toute l'année et qui peuvent soutenir nos efforts de détox, d'allégement et d'élimination : le citron, la pomme, le fenouil, le gingembre, le pamplemousse, l'ananas, l'avocat, les algues, les herbes aromatiques, sans oublier les jeunes pousses et autres graines germées.

LE CRU, CRÉDIBLE ?

La « Raw Food » séduit de plus en plus d'adeptes dans le monde entier. Nombreux sont ceux qui guérissent de maladies graves (cancer, diabète, obésité, cardiovasculaire, etc.), de symptômes pénibles (digestion, allergies, affections de la peau, troubles psychologiques, etc.), voire retrouvent jeunesse et énergie.

UNE ARME CONTRE LE STRESS

L'alimentation actuelle, trop riche et trop abondante, ne couvre pas nos besoins en nutriments essentiels ; elle alourdit notre organisme et ne nous permet plus de relever le défi du stress de la vie et de l'environnement.

LE SAVIEZ-VOUS?

En soupes, en salades ou sous forme de jus et de smoothies, les légumes et les fruits sont les meilleurs alliés de notre santé! Il est facile de les apprêter sans les transformer ou sans les endommager et ainsi, de bénéficier de leurs magnifiques nutriments, vitamines, enzymes, minéraux, oligoéléments et autres substances bienfaisantes.

CONSTAT

La population occidentale est de plus en plus malade et dépendante de médicaments. La plupart de ces maladies sont dites « de civilisation », c'est-à-dire que nos modes de vie en sont la cause principale. L'alimentation joue ici un rôle important.
Les adultes comme les jeunes sont touchés par le manque d'énergie, de concentration, une immunité affaiblie ou déficitaire, des troubles de comportement, voire des maladies graves (leucémie, diabète, obésité, maladies auto-immunes, intolérances et allergies variées, etc.).

LA DYNAMIQUE DU PRINTEMPS

Symbole de renouveau, le printemps est sans nul doute propice au réveil et au nettoyage du corps qui s'est ralenti et chargé en multiples toxines.

Le grand ménage intérieur

Le printemps est le moment idéal pour faire le grand nettoyage et se régénérer en profondeur. L'alimentation vivante du printemps nous offre cette magnifique opportunité ! Profitons des légumes de saison, cultivés et sauvages, consommés crus le plus souvent possible, pour répondre aux besoins de notre corps en termes de nutrition et d'énergie à renouveler !

LES ORGANISMES INTOXIQUÉS

Nous accumulons des toxines tout au long de l'année, qu'elles soient générées :

- par le travail métabolique quotidien que notre corps fournit pour fonctionner normalement
- par les apports extérieurs indésirables (substances chimiques omniprésentes, additifs et colorants alimentaires, pseudo-aliments industriels et raffinés, métaux lourds, mais aussi radiation, pollution, stress, etc.).

LA MONTÉE DE SÈVE

Cette énergie colorée que la nature exprime par les nouvelles pousses, les premières tulipes, jonquilles et magnolia, nous gagne avec force. Soudain, sans trop savoir pourquoi, le grand réveil s'impose. Il émerge en nous. Petit à petit, le chant des oiseaux nous réveille plus tôt, les journées rallongent et nous ressentons nous aussi ce besoin de bouger et de renouveler nos pensées et nos habitudes. L'énergie est montante, dynamisante et riche en promesses. C'est le moment d'adopter de nouvelles habitudes qui vont nous apporter plus de bien-être !

LE MONDE EST-IL TOXIQUE ?

Nous vivons dans un monde relativement toxique. En effet, que ce soit dans notre alimentation, notre environnement ou les nombreux produits de consommation que nous utilisons, nous sommes exposés de manière constante à une quantité de toxines qui, avec le temps, nuisent à notre pleine santé. Cette toxicité devient une forme de poison pour le corps. Certes le niveau de toxicité des produits répond aux normes officielles, mais ces normes ne tiennent pas compte de la quantité de produits et de la fréquence des expositions qui, additionnées, rendent la charge toxique accumulée beaucoup trop élevée. Si nous n'y prenons garde, elles vont insidieusement créer un déséquilibre dans notre terrain tel que les maladies pourront s'y installer facilement, voire y proliférer.

LES TOXINES

Une toxine est toute substance ingérée par le corps mais que le corps ne peut pas utiliser. Il doit donc s'efforcer de l'éliminer et de s'en débarrasser par tous les moyens possibles. Le corps est programmé pour cela, mais il a besoin d'aide car la tâche est devenue très lourde.

Les principales sources de toxines

▷ **Dans certains aliments**. On y trouve de nombreux produits chimiques tels qu'additifs, arômes, colorants et conservateurs artificiels. La liste est longue. Les toxines proviennent également d'une alimentation trop raffinée, de l'agriculture intensive qui abuse de pesticides et autres insecticides, ou de l'élevage de masse qui continue de se développer dans des conditions déplorables.

▷ **Dans les remèdes**. Il convient de rajouter les drogues, les médicaments et tous les produits de synthèse, issus de la chimie, qui font malheureusement partie de notre quotidien.

▷ **Dans les produits de consommation courante**. Les produits d'hygiène personnelle et domestiques courants nous exposent également à de nombreuses toxines.

▷ **Dans nos dysfonctionnements**. Les toxines peuvent être auto-induites par des troubles du métabolisme, un manque d'exercice, des pensées ou émotions négatives, du stress ou autres comportements néfastes à notre bien-être. Ces toxines circulent aussi dans notre corps et se rajoutent à toutes les autres. Ces mécanismes sont pour la plupart invisibles dans un premier temps, mais ils font leurs dégâts.

DÉTECTER LES SOURCES POSSIBLES

Il faut être très vigilant dans ses choix de consommateur pour éviter cette charge toxique qui met souvent à mal notre système endocrinien et attaque notre équilibre hormonal si précieux à notre santé.
Les produits de construction et de fabrication, présents dans les objets de tous les jours, font de notre habitat et des lieux publics, de transport et de loisirs, des sources supplémentaires de toxines, de métaux lourds ou de matières synthétiques qui se transmettent à l'homme.
Et ne parlons pas des **ondes électromagnétiques** et autres pollutions de l'air, de l'eau et de la terre auxquelles nous sommes constamment exposés.

BONS RÉFLEXES

Certains médicaments sont peut-être nécessaires, mais la plupart pourraient être évités par des choix plus conscients et une meilleure éducation, ainsi qu'une prise de conscience de l'impact que ces substances ont sur notre métabolisme, le bon fonctionnement de notre corps et de nos cellules.
Tout ceci a un impact direct sur notre expérience de vie, cela mérite donc que l'on s'en préoccupe davantage.

LE SAVIEZ-VOUS?

On considère aujourd'hui que trois grands groupes d'aliments sont à l'origine de nombreux troubles de la santé :

- les produits laitiers
- le gluten des céréales
- les protéines animales.

QUEL TEMPO POUR UNE DÉTOX ?

Ce peut être une cure très spécifique, à durée limitée, qui vise à nettoyer en profondeur et à éliminer les substances indésirables qui séjournent dans notre corps et diminuent notre vitalité.

Elle peut aussi se vivre sur toute une saison, en choisissant tout simplement de s'alimenter de la manière la plus saine possible, en préservant la « nutrivitalité » des aliments, donc en les consommant crus le plus souvent possible. C'est le défi que nous vous invitons à relever dans ces pages !

LA DÉTOX

Une détox, c'est une cure ou une manière de s'alimenter (ou de ne pas s'alimenter) qui permet d'éliminer les toxines accumulées. Elle vise à mettre les organes digestifs au repos, en particulier le foie.

Les principes de base

Toute détox se concentre sur les éléments suivants :

▷ **boire davantage** pour soutenir l'élimination (de l'eau, ainsi que des jus fraîchement pressés et des smoothies),

▷ **diminuer voire éliminer les aliments qui alourdissent notre métabolisme** et encrassent notre système (les sucres, les féculents et les mauvaises graisses, plus particulièrement le gluten, les produits laitiers et les protéines animales),

▷ **augmenter les aliments qui le soutiennent et le régénèrent** (légumes et fruits crus, ainsi que céréales et graines germées).

Le nettoyage de printemps

Il est souvent associé au nettoyage périodique de notre habitation, ou de notre voiture… et moins souvent à celui de notre corps. Et pourtant, ce corps que nous habitons et sans lequel cette vie sur terre serait impossible, nous n'en prenons pas suffisamment soin. Nous n'en aurons qu'un seul durant toute notre vie, c'est pourquoi il est notre bien le plus précieux.

Pourquoi faire une détox?

De nombreux spécialistes (voir bibliographie p. 125), comme les rituels ancestraux de nombreuses civilisations, préconisent de mettre le corps et la digestion au repos de manière régulière, afin de permettre un nettoyage profond.
Le jeûne ne convient pas à tout le monde, mais aujourd'hui, la détox est devenue à la mode, et pour cause! En quelques jours seulement, on peut réparer les dégâts causés par des mois de mauvaises habitudes, et se remettre sur la bonne voie!

Comment se manifeste la présence de toxines?

L'idée de détoxifier (ou détoxiner) est assez simple. Il s'agit d'aider le corps à éliminer les toxines et les déchets accumulés au fil du temps. Ces déchets se manifestent par de nombreux symptômes qui deviennent chroniques et finissent par affecter notre qualité de vie.
La liste est longue et non-exhaustive. Selon certains spécialistes de la santé naturelle, toutes les maladies et souffrances de l'homme sont le résultat d'un déséquilibre profond du corps et d'une accumulation de toxines.

LISTE DES SYMPTÔMES

- ballonnements, gaz et difficultés digestives
- constipation fréquente ou chronique, transit irrégulier
- sommeil difficile, non réparateur, réveil pénible
- excès de poids, ou difficulté à en prendre
- douleurs articulaires
- difficultés à se concentrer et à rester alerte
- manque d'énergie, de tonus et de joie de vivre
- fringales fréquentes et incontrôlables, surtout le soir
- cernes sous les yeux, peau terne et pâle, langue jaunâtre
- infections et rhumes à répétition, système immunitaire affaibli
- irritabilité, sautes d'humeur, colère, dépression, désespoir...

L'ÉLIMINATION

Nous pourrions accéder à une qualité de vie bien supérieure, et même atteindre la pleine santé, si nous prêtions attention à tous les signes avant-coureurs d'un métabolisme mis à mal, en particulier d'une digestion inefficace.

Les organes d'élimination

Le corps a une capacité inouïe à supporter les agressions subies, mais aussi à trier, filtrer, transformer, décomposer et éliminer ce qui ne lui convient pas. Il dispose de plusieurs organes d'élimination qui jouent un rôle critique dans notre santé, en particulier: les poumons, la peau, les reins, les intestins.

Dans un corps en bonne santé, ces organes fonctionnent à plein régime et se chargent de tout ce nettoyage interne sans se manifester à notre conscience. D'autres organes filtrent et trient, comme le foie ou la vésicule biliaire.

Mais lorsque le système est surchargé par des années d'alimentation trop abondante, trop grasse, trop sucrée, trop salée, et qu'en plus il ne dispose pas de suffisamment d'apports en micronutriments (vitamines, minéraux, oligoéléments, enzymes et électrolytes), alors il s'épuise et les fonctions vitales prennent le dessus sur les fonctions d'élimination.

LE SECOND CERVEAU

Les intestins sont notre deuxième cerveau, certains prétendent qu'ils jouent un rôle même supérieur! Dans tous les cas, les commandes sont certainement partagées entre les deux zones. Ce qui est certain, c'est qu'un grand nombre de neurotransmetteurs sont fabriqués dans nos intestins. La qualité de notre flore intestinale influence non seulement le fonctionnement de nos organes d'élimination, mais aussi de nos transmissions nerveuses, qui ont un impact sur notre être tout entier (circulation, digestion, humeur, émotions, etc.).

COUP DE POUCE

Il est impossible d'éviter toutes les toxines mais, heureusement, notre corps dispose d'un mécanisme de détoxination extraordinaire qui nous protège contre toutes ces agressions. Cependant, il tient à chacun de nous de soutenir notre corps dans ses efforts de nettoyage et de diminuer la charge toxique autant que faire se peut.

▷ **Les poumons** accumulent des déchets qu'ils ne parviennent plus à filtrer, les mucus chargés en toxines envahissent nos voies respiratoires.

▷ **Le foie** ne parvient plus à suivre et les toxines, faute de pouvoir être éliminées, sont stockées dans des cellules de graisse, pour protéger le corps, ainsi le surpoids s'installe, avec sa cohorte de dysfonctionnements.

▷ **Le pancréas** ne parvient plus à produire suffisamment d'insuline pour accompagner le glucose dans les cellules, et l'excès de sucre s'installe également dans les cellules grasses. Le syndrome métabolique nous guette, ainsi que le diabète.

▷ **Les reins** se fatiguent et **les intestins** deviennent paresseux et ralentissent s'ils ne développent de sérieuses pathologies.

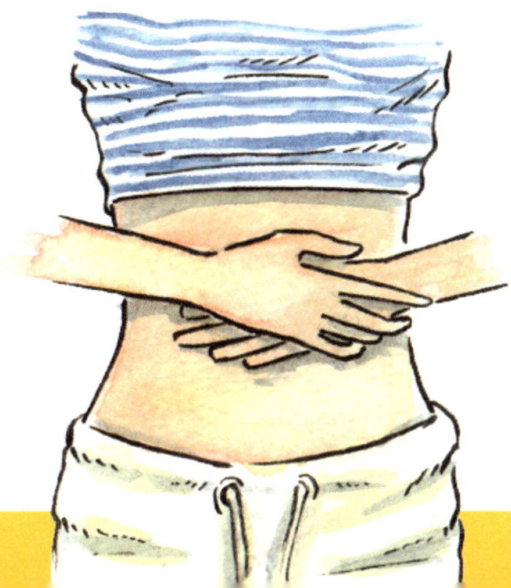

LE SAVIEZ-VOUS?

Pour aider le corps à éliminer toute cette surcharge toxique, en douceur, avec volonté et détermination, il faudra :

- réduire l'apport toxique
- augmenter l'apport en aliments naturels et hautement digestes
- aider le corps ainsi à désincruster, faire circuler et éliminer l'excès de toxines.

Mais il faudra aussi s'assurer du bon fonctionnement de nos organes d'élimination, car si la détox fonctionne mais que l'élimination est pénible, les toxines libérées risqueront de se réinstaller dans le corps, au prix de nouveaux inconforts et douleurs. Pour cela, l'hydrothérapie du côlon et les lavements à domicile ont fait leurs preuves.

LA CURE VÉGÉTALIENNE

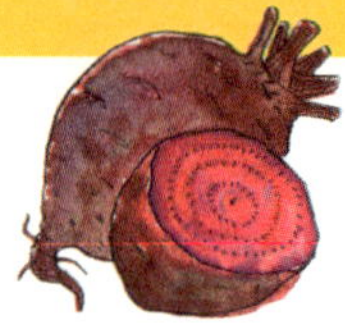

Qu'importe que vous soyez végétarien, omnivore ou carnivore le reste du temps : une cure végétalienne est la meilleure manière de nettoyer le corps en profondeur.

SEUL MAÎTRE À BORD

L'alimentation est sans nul doute la source la plus importante de toxines dans notre vie actuelle, en tout cas celle que l'on peut le plus facilement contrôler. Même si les habitudes sont bien ancrées, et que la pression sociale est forte de se conformer à la norme, nous sommes au final les seuls maîtres de ce que nous mettons dans notre assiette et portons à notre bouche.

Le principe

De tous les âges, les jeûnes ont joué un rôle important dans le maintien de la santé. Jeûne à l'eau, jeûne aux jus ou festival de jus, les options sont nombreuses. Les cures et monodiètes sont une autre manière de nettoyer en profondeur. De nombreuses méthodes sont efficaces, mais aucune ne convient à tous.

La cure végétalienne offre une manière plus facile de détoxifier le corps sans risquer de carence en nutriments essentiels. Elle est pure et aide le corps à éliminer les déchets, tout en conservant un bon niveau d'énergie, ce qui permet de la suivre tout en continuant ses activités habituelles.

Cette cure vise à éliminer, pendant une période déterminée, les plus grandes sources de toxines que sont :
l'alcool, le café et autres stimulants, les boissons sucrées, tous les sucres raffinés et lents (céréales, féculents), les produits laitiers, les protéines d'origine animale.

LA DYNAMIQUE DE L'ÉTÉ

En été, la nature poursuit son expansion, les fruits sont abondants et nous n'avons que l'embarras du choix pour manger des aliments variés.

Repos et découvertes

L'été marque une suite logique du printemps, pendant lequel nous avons remis les pendules à l'heure et réveillé notre métabolisme. L'été est aussi une période, dans nos contrées occidentales, d'aventures et de découvertes, ainsi que de repos, car nos rythmes effrénés ralentissent avec les congés scolaires. C'est une période de lumière vive, parfois de chaleur, et de délassement.

Souvent nos bonnes habitudes et nos rituels de santé laissent place à un nouveau rythme, à un relâchement bienvenu. Mais l'été est surtout l'occasion de profiter de l'abondance de la nature !

En particulier, l'abondance des légumes à feuilles vertes, riches en chlorophylle énergisante et guérissante. C'est donc le moment propice pour les accueillir et les apprivoiser de multiples manières !

LES APPORTS ESSENTIELS

Les légumes à feuilles vertes offrent une nutrition très dense en :

- calcium
- potassium
- magnésium
- fer
- zinc
- vitamines A, B, C, K
- acide folique
- bêta-carotène
- antioxydants
- acides aminés.

LE SAVIEZ-VOUS ?

Le vert aide aussi le mental car il a des vertus apaisantes, calmantes et déstressantes lorsque l'on en consomme régulièrement et en quantités suffisantes. Il aide la digestion, a un effet diurétique et calme la faim. Il nous aide à nous enraciner, comme des arbres, et nous apporte ainsi force et confiance !

LE VERT

Omniprésent dans nos contrées, le vert est un signe d'énergie et de vivacité pour notre espèce. Il est le résultat direct de l'influence du soleil. À calories égales, les légumes à feuilles vertes offrent plus de nutrition que les autres groupes d'aliments.

Plus on consomme de légumes verts, à forte densité nutritionnelle, plus on nourrit son corps au plus profond de ses cellules, plus on lui fournit une énergie immédiatement utilisable, sans aucun effort ni effet secondaire.

Les légumes verts qui ont le plus grand potentiel nutritif sur notre santé sont : les épinards, le brocoli, le chou plume (kale), les côtes de bette, la laitue romaine, le céleri.

Rajoutons à cela toutes les herbes et plantes sauvages comestibles, telles que pissenlit, mâche, ortie, ail des ours, roquette, etc.

Pour ingérer une quantité importante de verdures au quotidien et ainsi apporter à notre corps un maximum de nutriments bénéfiques, les salades ne suffisent pas. Il faut également penser à ingérer de la verdure sous forme de jus et de smoothies, ou encore d'algues et de graines germées.

LES JUS VERTS

L'idéal pour une santé optimale serait de consommer des jus verts frais régulièrement, voire tous les jours. Surtout en cas de problèmes de santé, d'affaiblissement ou de convalescence, le jus vert est une source formidable de vitamines et autres nutriments essentiels à la santé de l'être humain.

Les principes de base

Le jus vert agit comme un cocktail nutritif en nous fournissant une énergie presque immédiate. Consommé de manière régulière, de préférence à jeun, le jus vert apporte une multitude de bienfaits.

Pratiquement

Le jus vert se prépare le plus souvent avec des branches de céleri et du concombre, les deux légumes alcalins par excellence, très hydratants.

On y ajoute des verdures parmi une grande variété: épinard, chou, roquette, mâche, laitue, pissenlit, pourpier, cresson, etc.

QUID DES PROTÉINES?

Dans l'alimentation crue, tous les légumes verts jouent un rôle primordial, surtout pour les végétariens et végétaliens. Ce sont les légumes verts qui vont apporter le calcium et le magnésium, mais aussi les protéines sous forme d'acides aminés dont le corps a besoin pour se construire et ainsi remplacer les protéines d'origine animale qui sont moins bénéfiques pour notre organisme (42% pour le chou plume, 49% pour les épinards), donc sous une forme très facilement assimilable par l'organisme.

DIGESTION INSTANTANÉE

Sous forme liquide, les légumes à feuilles vertes pénètrent dans nos tissus et dans nos cellules presque immédiatement, avec très peu de travail digestif, ce qui contribue à libérer de l'énergie dans notre corps. C'est, rappelons-le, l'objectif principal de l'alimentation vivante.

15 MINUTES, MONTRE EN MAIN

Placez votre machine à jus dans un endroit accessible où vous pouvez l'utiliser à tout moment.

- Ayez une planche à découper et un bon couteau à proximité
- Rassemblez les ingrédients pour votre jus
- Lavez-les
- Coupez-les
- Déposez-les dans un bol
- Extrayez-en le jus.

Dès que vous avez terminé l'extraction de jus, nettoyez votre machine immédiatement ou faites tremper les accessoires. En vous simplifiant les tâches au maximum, vous pouvez faire un jus frais et avoir tout nettoyé en 15 minutes seulement !

ADDICTION

Avec une consommation régulière de jus verts, on s'habitue vite selon le goût et on se réjouit de le boire. En effet, le corps comprend vite que ce jus lui est bénéfique et il en redemande ! En d'autres termes, plus on en consomme, plus on se sent bien et plus on en a envie.

Pour apporter une touche finale et rehausser le goût, on ajoute du gingembre, du citron ou des herbes fraîches, voire même des épices diverses.

Le citron est indispensable pour compenser l'amertume de la verdure !

Mais pour en faire un jus résolument délicieux, il suffit de rajouter un fruit (pomme, poire, pêche, orange ou ananas) ou une carotte, afin de l'adoucir.

LA MACHINE À JUS

Pour augmenter nos chances de le consommer régulièrement, il est recommandé de se faciliter la vie et de rendre la confection des jus la plus aisée possible dans nos vies surchargées. L'acquisition d'un bon extracteur à jus est la première étape.

L'HERBE DE BLÉ – LE SANG VERT

Le jus d'herbe de blé est un liquide hautement bénéfique pour la santé avec des pouvoirs importants de nettoyage, de détoxication et de guérison. Il contient 92 des 102 minéraux essentiels, une large palette de vitamines A, B, C et E et de minéraux (calcium, fer, phosphore et magnésium), ainsi que 20 acides aminés dont les 8 essentiels que le corps ne peut produire. C'est donc une source parfaite de protéines !

Le principe

De nombreux livres ont été écrits sur ce sujet. Cela peut paraître étrange de consommer du jus d'herbe, mais de nombreux mammifères, dont certains sont puissants et robustes, illustrent bien la force puisée dans l'herbe verte.

L'herbe de blé est constituée à 70 % de chlorophylle, une substance similaire à l'hémoglobine qui apporte de l'oxygène dans notre sang, d'où son surnom de sang vert.

ANTICANCER

Le jus d'herbe de blé a été révélé par la Dr. Ann Wigmore, fondatrice de l'Institut Hippocrates, dans son livre « L'herbe de blé ». Ce fut une découverte importante, car ce précieux jus a permis de guérir de nombreuses personnes de maladies graves, y compris et surtout du cancer.

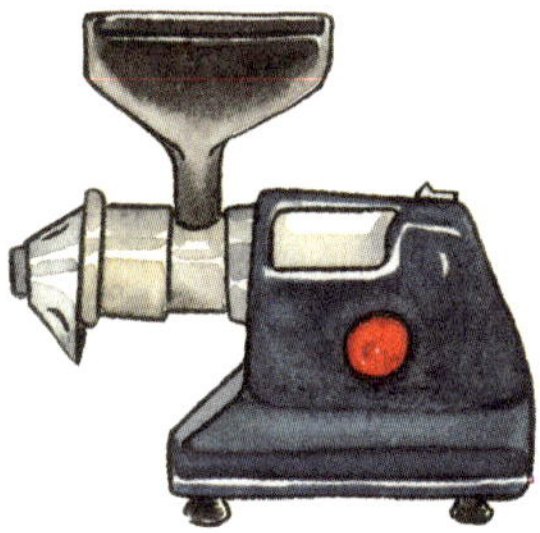

À JEUN

Le jus d'herbe de blé devrait être consommé pur et non mélangé, à jeun pour en tirer un maximum de bienfaits. Une portion de 2 à 3 cl peut être graduellement consommée deux fois par jour en période de cure intensive. Il est fortement recommandé dans toute cure de détoxication, en raison de ses pouvoirs de drainage, en particulier sur les métaux lourds et autres substances toxiques que nous ingérons et accumulons dans notre corps faute de pouvoir les éliminer.

Pratiquement

Pour extraire le jus de l'herbe de blé, un extracteur à jus, électrique ou manuel, est indispensable.

Il est facile et très économique de la faire pousser chez soi, à partir de graines de blé germées 24 heures, puis plantées sur une base de terreau, jusqu'à l'obtention d'une herbe d'un vert vif d'une hauteur de 10-15 cm (après 7-10 jours de culture). La récolte et l'extraction du jus peuvent alors avoir lieu. L'herbe coupée peut se conserver plusieurs jours dans des sachets au frigo, et le jus se congèle très bien, ce qui est très pratique.

Les quantités produites varient selon le climat et le type d'extracteur. Mais en moyenne, 100 g de graines de blé permettent de cultiver un plateau de 35 cm sur 25 cm et d'extraire environ 1 dl de jus d'herbe (5 mini-doses de 2 cl). Il est aussi possible d'acheter des plateaux d'herbe cultivée ou du jus d'herbe congelé.

LES SMOOTHIES VERTS

Le smoothie est un mélange de fruits et de légumes entiers, mixés avec de l'eau. Ils sont plus rassasiants que les jus, car ils contiennent encore les fibres.

Le principe

Le smoothie vert permet d'ingérer une grande quantité de feuilles vertes de la manière la plus appétissante possible. Pour cela, on les mélange à des fruits juteux et doux (Il faut un mixeur assez puissant pour le faire correctement). On obtient une boisson épaisse et verte, veloutée, qui ne paraît pas très appétissante au premier abord, mais qui est franchement délicieuse !

Les fruits effacent l'amertume des verdures. Cette boisson saine est aussi très rassasiante. Les bienfaits en sont multiples : un aliment complet et très nutritif, facile à digérer grâce à son contenu élevé en enzymes, qui offre une bouffée instantanée d'énergie et de clarté mentale.

De plus, cette boisson magique est une source formidable de protéines. En effet, les légumes à feuilles vertes sont la source la plus riche de protéines végétales (acides aminés) pour la consommation humaine. Les smoothies verts permettent de réduire nos fringales pour des aliments moins sains, aident dans la perte de poids et nourrissent chaque cellule de notre corps.

LE PLEIN DE VITALITÉ

Après les mois d'hiver, nos corps ont grand besoin d'un renfort de vitamines. La belle saison est le moment opportun pour optimiser sa forme et sa santé avec le retour de la douceur et l'abondance de jeunes verdures fraîches. Les smoothies verts constituent des mélanges parfaits pour renforcer notre système immunitaire et notre vitalité.

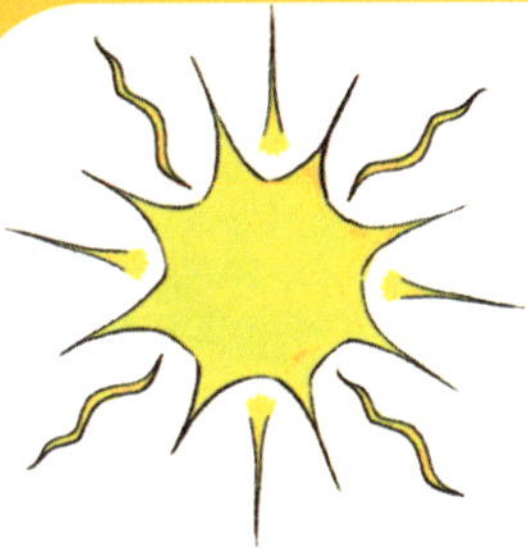

De tous les choix dont nous disposons pour consommer davantage de verdures, le smoothie vert est indéniablement le champion, car il s'agit d'un aliment complet, frais, qui de surcroît ne met que quelques minutes à préparer.

Victoria Boutenko, auteure de livres sur l'alimentation crue (voir bibliographie p. 125).

Les multiples bienfaits des smoothies verts

- Meilleure absorption de nutriments de grande qualité
- Regain d'énergie et de vitalité
- Sommeil plus réparateur, plus régulier
- Coupe-faim qui aide à la perte de poids durable
- Amélioration de l'équilibre acido-basique
- Meilleure hydratation
- Stabilisation de l'humeur grâce à un bon équilibre du sucre dans le sang
- Moins d'allergies
- Effet bénéfique sur le cholestérol
- Cheveux et ongles renforcés
- Teint plus éclatant, peau moins sèche

LES ALGUES

Les algues sont des protéines complètes ainsi qu'une source importante en acides gras essentiels. Pour un poids similaire, les algues contiennent plus de vitamines et de minéraux que tout autre aliment.

Les algues figurent parmi les légumes verts, qui sont de terre comme de mer. Il existe une grande variété d'algues à consommer : les **brunes** (kelp, wakame, kombu, arame, hijiki), **rouges** (dulse) ou **vertes** (chlorella, spiruline, algues bleues-vertes).

Le super aliment par excellence

Les algues sont riches en chlorophylle, donc en magnésium, un des minéraux faisant le plus défaut dans l'alimentation moderne. Les algues sont aussi riches en enzymes et antioxydants. Elles sont l'unique source d'iode végétale, une substance indispensable au bon fonctionnement de la thyroïde.

RICHESSES DE L'OCÉAN

La terre arable dans nos pays est de moindre qualité que dans le passé. C'est pourquoi il est devenu plus important que jamais d'inclure des algues et autres légumes de mer dans notre alimentation. Les océans sont riches en nutriments nécessaires à une santé optimale. Il faut éviter les poissons qui ont été pollués et chercher tout au fond des mers les véritables nutriments.

LES IDÉES VERTES

À part dans les salades, les jus et les smoothies, voici d'autres manières originales de consommer du «vert».

POUDRE MAGIQUE

Les algues peuvent être intégrées dans nos plats quotidiens:
- dans la préparation de roulades de types makis (feuilles de nori)
- dans les salades sous forme de légumes de mer
- et sous la forme de flocons, poudres ou suppléments alimentaires.

Des salades mixées

Vous pouvez mélanger, dans un mixeur, tous les ingrédients que vous pourriez mettre dans une salade:
- les feuilles
- les légumes
- l'assaisonnement ou les ingrédients d'une sauce à salade.

C'est une manière très rapide de préparer et de manger encore des feuilles vertes, sous forme de soupe crue.

Les pâtés verts

Les tartares d'algues, ainsi que les pâtés végétaux à base:
- de noix et/ou de graines (prétrempées et germées),
- de légumes (carottes, brocoli, oignons) et
- d'épices, dont des feuilles vertes!

Cela donne des pâtés verts ou encore des pestos qui peuvent servir de tartinades.

La tartine verte

Les pâtés se servent sur des crackers (qui peuvent aussi être verts) ou peuvent être enroulés dans une feuille de nori, de chou, de laitue romaine ou de côtes de bette.

Avec une tranche de tomate ou d'avocat et de jeunes pousses, cette roulade constitue le parfait sandwich cru !

Des assaisonnements verts

Mixer des graines (chanvre, sésame, etc.) ou des noix avec de la levure alimentaire et des épices (poudre d'ail, d'oignon, sel, poivre, curcuma, curry, etc.) Ensuite, ajouter des algues en poudre dans ce mélange. Saupoudrer sur les salades et autres mets. Conserver le reste dans un bocal fermé à l'abri de la lumière.

Des poudres vertes

Déshydrater des verdures, du brocoli ou des branches de céleri découpées en petits morceaux et moudre pour obtenir une poudre verte très nutritive. Rajouter dans vos mélanges des poudres d'herbe de blé, d'épeautre ou d'orge, de la spiruline, de la chlorella, des algues bleues-vertes pour transformer ces poudres en super aliments !
Qu'importe les quantités et les variétés que vous choisissez, chaque mélange sera différent et tout aussi riche en nutrition ! Rajoutez 1 cuillère à café ou à soupe de poudre verte (selon vos goûts et vos habitudes) dans vos jus ou vos smoothies.

MÉTAUX LOURDS

Les Japonais connaissent les multiples bienfaits des algues depuis des siècles. Ils ont aussi découvert que certaines algues avaient le pouvoir d'évacuer de notre corps les métaux lourds et les éléments radioactifs qui ont pu s'y accumuler.

QUESTION DE TEXTURE

Certaines recettes recommandées avec le robot seront aussi possibles avec l'extracteur à jus (pâtés végétaux, glaces, purées d'oléagineux) ou le mixeur (crèmes ou soupes), mais d'autres seront difficiles à réaliser aussi bien, en particulier pour obtenir une texture homogène mais croustillante.

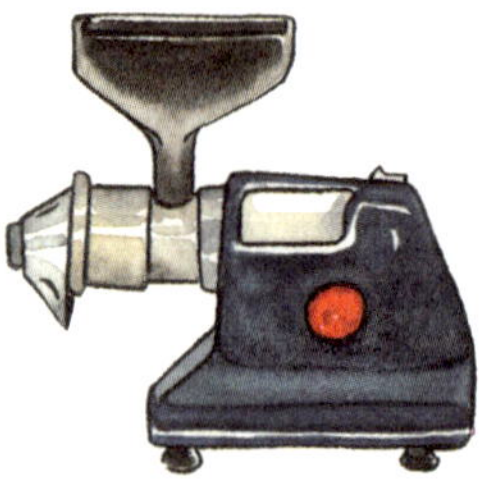

L'ÉQUIPEMENT DE LA CUISINE

La cuisine crue peut nécessiter un certain nombre d'appareils électroménagers et accessoires particulièrement utiles pour nous faciliter la vie et nous faire gagner un temps précieux.

Les principaux ustensiles

▷ **L'extracteur à jus** permet de séparer le jus de la pulpe des fruits et légumes sans en altérer les qualités nutritives et organoleptiques. Les appareils mieux connus que sont les centrifugeuses sont plus rapides mais endommagent en partie les cellules des aliments. Un extracteur, qui fonctionne à bas régime, est une manière douce et plus saine de confectionner des jus frais, mais aussi des pâtés ou des glaces.

▷ **Le mixeur ou mélangeur (blender)** est un outil indispensable dans une cuisine crue. Il permet de mélanger les aliments liquides et semi-liquides de manière homogène, afin de confectionner des laits d'oléagineux, des smoothies, des soupes et des crèmes onctueuses à souhait. Un mixeur puissant vous permettra d'obtenir des consistances fines et extrêmement veloutées.

▷ **Le robot ménager**, équipé d'une lame en forme de « S », est utile dans toute cuisine. Il permet de broyer et de mélanger différents ingrédients de manière homogène pour obtenir la texture souhaitée.

▷ **Le déshydrateur** ou **séchoir** n'est pas indispensable, mais il permet d'élargir la palette de sensations et de plats proposés en alimentation crue. Il joue le rôle du four, car il permet de réchauffer, sécher, mariner, mais surtout de confectionner galettes, pains, biscottes, tartes, biscuits et autres croustades qui manqueraient dans les sensations gustatives. Un ustensile dans lequel investir dès que l'on se sent prêt.

DE NOMBREUX AUTRES ACCESSOIRES PEUVENT FACILITER LA PRÉPARATION DE PLATS CRUS :

- un excellent couteau, surtout avec une lame en céramique
- une planche à découper en bois
- une mandoline
- un presse-ail
- un presse-agrumes
- un sac à filtrer les laits d'oléagineux ou un tamis
- un spiraliseur pour confectionner des pâtes de légumes
- des germoirs
- tout autre outil pour trancher, découper, hacher.

LES RECETTES

Les boissons revitalisantes

PUNCH FRUITÉ BONNE HUMEUR

En alimentation vivante, le premier geste santé consiste à consommer des jus fraîchement pressés. Cette habitude, à elle seule, a le pouvoir de nous régénérer et de nous aider à amorcer une réelle transformation de notre hygiène de vie. Les jus frais sont très vite digérés et nous procurent un bien-être immédiat. Voici un jus coloré qui vous mettra de bonne humeur !

Ingrédients (pour 2 grands verres)

- **6 carottes**
- **6 oranges**
- **8 fraises (ou autres fruits de saison)**
- **1 tranche de 2-3 cm d'ananas frais**

Marche à suivre

Préparer les ingrédients pour en extraire le jus : frotter et laver les carottes. En couper les extrémités et les couper en morceaux adéquats pour votre machine à jus. Peler les oranges, ou en extraire le jus avec un presse-agrumes. Rincer les fraises et couper la tranche d'ananas. Passer tous les ingrédients dans votre extracteur à jus. Servir dans un joli verre, tout en prenant le temps de déguster !

LE SAVIEZ-VOUS?

Les jus fraîchement extraits et consommés sur le champ fournissent un cocktail incomparable de nutriments immédiatement assimilables. Consommés sur un estomac vide, ils traversent les organes digestifs à tout vitesse et fournissent une énergie immédiate. Les jus constituent le choix parfait dès que l'énergie manque ou que des signes d'infection et d'affaiblissement apparaissent.

COCKTAIL D'ÉNERGIE VERT

Parmi les jus fraîchement pressés, les jus verts sont les plus sains. Il faudrait en consommer régulièrement pour en tirer tous les bienfaits, mais ils fournissent un bien-être immédiat, alors ne remettez pas à demain votre premier jus vert !

LE SAVIEZ-VOUS ?

Les verdures figurent parmi les aliments les plus riches en minéraux, vitamines et acides aminés, sous une forme très facilement assimilable par l'organisme. Leurs propriétés alcalines contribuent à rétablir l'équilibre acido-basique indispensable à la prévention des maladies. Leur chlorophylle est une véritable énergie puisée dans le soleil qui, sous forme liquide, est très similaire à notre sang qu'elle permet de régénérer.

Ingrédients (pour 2 grands verres)

- **3 branches de céleri**
- **1 concombre**
- **100 g de feuilles vertes (épinard, mâche, laitue, chou, etc.)**
- **1 pomme (ou poire ou orange)**
- **1 citron**
- **1 morceau de gingembre**

Marche à suivre

Extraire le jus de tous les légumes, de la pomme et du gingembre, de préférence au moyen d'un extracteur à jus, sinon d'une centrifugeuse. Le consommer bien frais renforce les saveurs agréables du jus. Pour cela, le placer au réfrigérateur quelques instants. Un cocktail à déguster avec gratitude dans un endroit tranquille !

SMOOTHIE AUX BANANES ET CERISES

Voici une seconde recette de smoothie de saison. Les variétés possibles n'ont de limite que votre imagination ! La banane est souvent la base d'un bon smoothie, car elle donne une boisson très crémeuse et agréablement sucrée. Les poires peuvent aussi remplacer les bananes.

Ingrédients (pour 2 grands verres)

- **300 g de cerises dénoyautées**
- **2 bananes bien mûres**
- **1 cs de purée d'amandes (en option)**
- **Un peu de vanille en poudre**
- **2 tasses (0,5 dl) d'eau**

Marche à suivre

Mélanger tous les ingrédients dans un mixeur puissant. C'est délicieux et d'une saveur qui rappelle les clafoutis d'antan ! Pour un effet encore plus onctueux et crémeux, remplacer la banane fraîche par une banane pelée et congelée. Pour un smoothie protéiné, rajouter de la poudre protéinée ou des graines de chanvre.
Pour un véritable dessert, rajouter de la poudre de cacao, c'est somptueux !

LE SAVIEZ-VOUS ?

Les cerises contiennent de la mélatonine naturelle, un antioxydant qui aide à régler les cycles de sommeil et d'éveil, ainsi que le rythme cardiaque. Elles sont riches en anthocyanines, de puissants antioxydants aux propriétés anticancer qui protègent le cœur et les artères. Elles ont un pouvoir anti-inflammatoire, elles inhibent l'oxydation du mauvais cholestérol et aident à renforcer la mémoire.

SMOOTHIE FRUITÉ TROPICAL

Un smoothie est une boisson à la fois saine, rassasiante et très appréciée par toute la famille. Il suffit d'un bon mixeur pour créer une boisson onctueuse à souhait en quelques secondes seulement, qui nous offre des nutriments facilement assimilables et des saveurs agréables. Un smoothie remplace un repas de manière idéale. Faites votre plein de fruits de saison avec un smoothie !

LE SAVIEZ-VOUS?

Presque tous les spécialistes de la santé, y compris les autorités politiques, s'accordent à dire qu'il faut consommer au minimum **5 à 8 portions de fruits et de légumes** par jour. La majorité des personnes ne le font pas. La consommation quotidienne de jus et de smoothies est une manière facile et agréable de remplir, voire dépasser, ces objectifs.

Ingrédients (pour 2 grands verres)

- **½ ananas**
- **Le jus de 2 oranges**
- **2,5 dl d'eau de coco (ou d'eau)**
- **2 grosses poignées de roquette**
- **Une poignée de feuilles de basilic**

Marche à suivre

Mélanger tous les ingrédients dans un mixeur puissant et déguster immédiatement. Commencer par mixer l'ananas coupé en morceaux, le jus d'orange ou l'orange pelée, et l'eau. Ensuite mixer les verdures dans ce jus. Pour une boisson plus fine de texture, filtrer ou passer dans un tamis.

JUS VERT AU FENOUIL

Les jus verts sont la manière parfaite de démarrer la journée en hydratant et en nourrissant nos cellules en profondeur après le jeûne de la nuit. À boire avant de consommer tout autre aliment. En quantités suffisantes, un jus vert peut nous suffire jusqu'au repas de midi.

Ingrédients (pour 2 grands verres)

- **1 concombre**
- **1 fenouil**
- **100 g de feuilles de chou ou autres feuilles vertes**
- **1 pomme**
- **1 citron**

Marche à suivre

Préparer tous les ingrédients pour l'extraction: nettoyer et couper en morceaux (inutile de peler, même le citron, s'ils sont de culture biologique), puis extraire le jus et bien mélanger avant de consommer. Conserver si besoin dans une bouteille en verre fermée, au frigo, pendant maximum 48 heures.

LE SAVIEZ-VOUS?

Le fenouil apporte non seulement une saveur anisée qui participe à la diversité gustative de nos mets, mais aussi des propriétés digestives très appréciables en période de cure et d'allègements alimentaires. Grâce à ses propriétés antispasmodiques, il facilite l'élimination des gaz et contribue à régénérer la santé de nos intestins. En jus, il est particulièrement savoureux.

JUS VERT AU PAMPLEMOUSSE

À la base de tout jus vert, on recommande d'utiliser du concombre ou du céleri, qui apportent tous les deux de précieux minéraux et vitamines, ainsi que beaucoup de jus. Voici une autre variante de jus vert qui fait appel au pamplemousse pour une saveur douce et rafraîchissante.

LE SAVIEZ-VOUS?

Le céleri-branche pourrait être considéré comme un super aliment tant sa liste de bienfaits est longue. Anti-inflammatoire, alcalinisant, diurétique, digeste, très pauvre en calories, riche en magnésium calmant pour le système nerveux et en sodium qui remplace bien le sel, le céleri permet de réduire le mauvais cholestérol et la pression sanguine et combat le cancer. Son contenu élevé en eau, accompagné de fibres insolubles, en fait un balai intestinal parfait pour le système digestif.

Ingrédients (pour 2 grands verres)

- **5 branches de céleri**
- **1 fenouil**
- **1 pomme verte**
- **1 gros pamplemousse**

Marche à suivre

Préparer tous les ingrédients pour l'extraction : nettoyer et couper en morceaux, peler le pamplemousse, puis extraire le jus et bien mélanger avant de consommer. Conserver si besoin dans une bouteille en verre fermée, au frigo, pendant maximum 48 heures.

JUS DE CAROTTE ET BETTERAVE

Profitez de la saison douce, voire chaude, pour augmenter votre consommation de jus ! Plus que tout autre période de l'année, l'été est la saison où l'appétit diminue mais les besoins en hydratation augmentent. Les jus constituent une manière extrêmement saine de nourrir son corps en nutriments essentiels sans pratiquement aucun travail digestif, donc aucune dépense d'énergie. Profitez-en !

Ingrédients (pour 2 petits verres)

- **1 betterave crue**
- **½ chou rouge**
- **2 carottes**
- **1 citron**

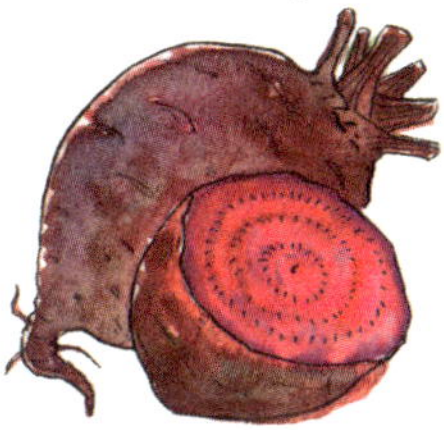

Marche à suivre

Préparer tous les ingrédients pour l'extraction : nettoyer et couper en morceaux, sans les peler s'ils sont de culture biologique, puis extraire le jus et bien mélanger avant de consommer.
Conserver si besoin dans une bouteille en verre fermée, au frigo, pendant maximum 48 heures.

LE SAVIEZ-VOUS?

Le citron et **le citron vert** ne contiennent aucune des substances sucrées offensives ou le fructose de tous les autres fruits, qui peuvent provoquer des syndromes métaboliques. De plus, le citron élimine le goût amer des verdures foncées qui apportent le plus de nutriments dans les jus verts, et compense aussi le goût trop sucré de certains légumes, comme la carotte et la betterave. Enfin, il est un antioxydant et antibactérien précieux.

SMOOTHIE AUX FRAMBOISES

L'été est aussi la saison parfaite pour consommer des smoothies et remplacer des repas par des boissons saines, car c'est la saison des fraises, des framboises et autres petites baies, des cerises, des abricots et des pêches, tous des fruits qui conviennent parfaitement à la confection de délicieux smoothies. Soyez donc créatifs !

LE SAVIEZ-VOUS ?

Un smoothie est une boisson à la fois saine, rassasiante et très appréciée de toute la famille. Il suffit d'un bon mixeur pour créer une boisson onctueuse à souhait en quelques secondes seulement, qui nous offre des nutriments facilement assimilables et une texture ainsi que des saveurs incomparables. Un smoothie remplace un repas de manière idéale ! Faites votre plein de fruits de saison avec un smoothie !

Ingrédients (pour 2 grands verres)

- **1 banane bien mûre**
- **150 à 200 g de framboises (fraîches ou congelées)**
- **¼ de cc de poudre de vanille, en option**
- **5 dl d'eau (ou d'eau de coco)**

Marche à suivre

Mélanger tous les ingrédients dans un mixeur puissant pour obtenir une boisson veloutée à la texture désirée. Rajouter de l'eau pour obtenir une boisson moins épaisse. Les smoothies se conservent bien dans des bouteilles fermées au frigo pendant 48 heures, ou dans une glacière si vous êtes en déplacement.

SMOOTHIE VERT À LA MANGUE

De tous les smoothies verts, qui sont délicieux, celui-ci est le plus exquis en raison de la mangue. Le smoothie vert constitue une manière simple et agréable de consommer plus de fruits et de légumes pour pratiquement tout le monde, y compris jeunes enfants et personnes âgées. Les fruits donnent le goût à la boisson, les verdures donnent la couleur.

Ingrédients (pour 2 verres)

- **1 banane**
- **1 mangue**
- **100 g de jeunes feuilles d'épinard**
- **5 dl d'eau (ou plus si besoin)**

Marche à suivre

Peler la banane et la mangue et les déposer dans le mixeur. Mélanger tous les ingrédients pour obtenir une boisson onctueuse. Tous les mixeurs n'ont pas la capacité de broyer la cellulose des feuilles vertes. Si votre smoothie n'est pas assez onctueux et qu'il contient des petits morceaux de feuilles vertes, c'est que votre mixeur n'est pas suffisamment puissant. Rajouter de l'eau si nécessaire.

LE SAVIEZ-VOUS?

Un des secrets des **smoothies verts**, selon Victoria Boutenko, est que les fruits qu'ils contiennent sont nettement moins néfastes lorsqu'ils sont mixés aux verdures que s'ils étaient consommés seuls. Ainsi a-t-elle affirmé que les smoothies verts conviennent bien aux personnes souffrant de diabète. Il semblerait que le sucre des fruits soit assimilé beaucoup plus lentement grâce à la présence des minéraux des feuilles vertes.

SMOOTHIE ANANAS ET NOIX DE COCO

Inspirez-vous de boissons connues, pour créer des boissons fruitées qui ravissent les papilles ! Ainsi pourrez-vous surprendre vos invités durant vos fêtes estivales. Cette recette rappelle le fameux cocktail « piña colada » en combinant ananas et noix de coco. Une boisson tropicale à apprécier à n'importe quel moment de la journée.

LE SAVIEZ-VOUS ?

Vous pouvez confectionner votre propre **lait de noix de coco** à partir de poudre de noix de coco, ou de noix de coco séchée. Mixez 75 g de noix de coco séchée dans 5 dl d'eau assez longtemps pour bien décomposer la noix. Le trempage préalable facilite cette tâche. Pour sucrer ce lait, ajoutez des dattes dénoyautées, selon le goût. Pour un lait de coco fin, filtrez le liquide dans un sac à lait ou un tamis fin.

Ingrédients (pour 2 grands verres)

- **1 banane congelée**
- **¼ d'ananas**
- **5 dl de lait de noix coco**
- **¼ de cc de poudre de vanille, en option**
- **1 pincée de sel**

Marche à suivre

Découper l'ananas en petits morceaux et les déposer dans le mixeur avec la banane congelée, la vanille, la pincée de sel et le lait de noix de coco. Mélanger tous les ingrédients pour obtenir une boisson mixée bien onctueuse.
Rajouter de l'eau si la boisson est trop épaisse selon le goût. Si elle n'est pas assez sucrée, rajouter 1-2 dattes dénoyautées.

Les petits déjeuners

LAIT FRAIS D'AMANDES

Le lait d'amandes est le plus populaire des laits végétaux. Cette recette peut aussi se préparer avec d'autres noix ou graines, telles que des noisettes, des noix de pécan, des noix du Brésil, ou des graines de sésame ou de chanvre pour confectionner un délicieux lait végétal, l'alternative parfaite au lait de vache. Chaque variante apporte un goût distinctif.

LE SAVIEZ-VOUS?

Le lait de vache est responsable de nombreuses allergies ou intolérances alimentaires en raison de son effet inflammatoire sur les muqueuses. Confectionner son lait d'amandes est une manière simple et économique de remplacer le lait de vache. Les amandes sont riches en vitamines (B2, acide folique et E) et minéraux (calcium, cuivre, magnésium et zinc), et ont un effet alcalinisant sur l'organisme.

Ingrédients (pour 1 litre)

- **150 g d'amandes entières**
- **2 grosses dattes, dénoyautées**
- **1 cc de poudre de vanille (en option)**
- **1 l d'eau pure**

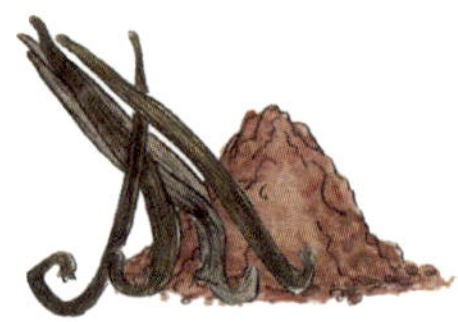

Marche à suivre

Faire tremper les amandes dans de l'eau toute la nuit. Les égoutter et les rincer, puis les placer dans un mixeur puissant avec l'eau, les dattes et la vanille. Mélanger pour obtenir un liquide épais. Filtrer ce mélange dans un sac à lait ou une passoire fine. La pulpe d'amandes restante peut être déshydratée, puis utilisée dans d'autres recettes. Le lait se conserve 3 jours au frigo dans un récipient bien hermétique.

PORRIDGE AUX GRAINES DE CHIA

Apprenez à faire ce délicieux porridge à base de graines de chia. Ces graines précieuses vous fournissent les graisses nécessaires au bon fonctionnement de l'organisme.

Ingrédients (pour 2 à 4 portions)

- **50 g de graines de chia, trempées dans 4 fois leur volume en eau pour former un gel**
- **50 g de graines de tournesol**
- **50 g de graines de courge**
- **50 g de flocons d'avoine**
- **50 g de fruits secs (raisins, dattes et/ou airelles)**
- **3,5 dl de lait d'amandes**
- **½ cc de cannelle**

Marche à suivre

Faire tremper les graines, flocons et fruits secs dans de l'eau, séparément des graines de chia, pendant au moins 6 heures. Égoutter et rincer le mélange, puis le placer dans un robot ou mixeur avec le gel de chia. Rajouter le lait d'amandes et la cannelle. Mélanger juste suffisamment pour concasser les graines et céréales et former une masse ressemblant à du porridge. Servir avec des fruits frais (banane, pomme, baies, etc.) et un peu de lait d'amandes, selon le goût. Ce porridge se conserve 5 jours au frigo.

LE SAVIEZ-VOUS?

Pensez à faire tremper toutes **vos graines et oléagineux** dans de l'eau pure, pendant toute la nuit, rincer avant de les consommer. Ce trempage permet d'éliminer les inhibiteurs naturels d'enzymes et donc de les réactiver pour le plus grand bien de notre digestion. C'est une pratique très saine qui ravive aussi les saveurs!

MUESLI CRU AUX FRUITS SECS

Cette recette offre une excellente manière de commencer la journée avec des nutriments de qualité, riches en vitalité. Le muesli fait maison est nettement plus sain que les versions commerciales. Il est rassasiant et vous tient à l'estomac jusqu'au repas suivant.

LE SAVIEZ-VOUS?

Les mélanges de céréales du commerce sont dénaturés et rarement composés d'ingrédients de qualité. Soyez attentif et vous y trouverez entre autres des graisses hydrogénées, du sucre rajouté et des conservateurs inutiles. Prenez l'habitude de confectionner votre propre muesli, c'est facile et rapide et vous décidez vous-même ce que vous y mettez !

Ingrédients (pour 4 à 6 portions)

- **60 g d'amandes**
- **60 g de noix au choix**
- **60 g de graines de tournesol**
- **60 g de graines de courge**
- **Une poignée de fruits secs (raisins, abricots, airelles ou pruneaux)**

Marche à suivre :

Tremper les noix et les graines dans de l'eau durant toute la nuit. Le lendemain, les égoutter puis les placer dans un robot ménager (muni d'une lame en « S ») avec les fruits secs pour les broyer. Mélanger un court moment, par pulsations, afin d'obtenir la texture homogène souhaitée. Servir aussitôt une portion dans une assiette, recouvrir de fruits frais coupés (banane, pomme, baies ou autres fruits de saison) et arroser de lait végétal.

CRÈME VERTE AUX FRUITS

Cette recette, inspirée du célèbre « Miam aux Fruits » de Marie Guillain, propose une version verte enrichie en super aliments pour encore plus de « nutrivitalité » ! Un petit déjeuner ou un en-cas parfait pour nourrir notre corps en profondeur.

Ingrédients (pour 1 portion)

- **1 banane**
- **1 cs d'huile de lin**
- **Le jus d'un citron**
- **2 cs de graines de lin, moulues**
- **2 cs de graines de sésame, moulues**
- **1 cs de graines de chia**
- **1 cs de graines de chanvre décortiquées**
- **1 cs de poudre de maca**
- **1 cs de poudre verte**
- **Des fruits coupés et quelques oléagineux, au choix**

Marche à suivre

Bien écraser la banane dans une assiette creuse au moyen d'une fourchette.
Rajouter l'huile et battre pour émulsionner.
Rajouter le jus de citron et mélanger avec les graines et les poudres. Rajouter des fruits frais et des noix au choix.

LE SAVIEZ-VOUS?

La maca est un légume racine originaire du Pérou, qui ressemble à une patate douce. Séché et réduit en poudre, ce légume est un adaptogène qui exerce une action stimulante sur l'ensemble de l'organisme, surtout en régulant les hormones de manière bénéfique. La maca favorise la fertilité, stimule l'immunité et offre un large éventail de nutriments.

YAOURT DE CHIA À LA FRAMBOISE

Des crèmes de graines offrent une alternative intéressante aux produits laitiers, pour un repas d'origine purement végétale.

LE SAVIEZ-VOUS?

Les graines de chia sont de véritables trésors de nutrition. Riches en fer, en fibres et en acides gras essentiels, elles sont une magnifique source naturelle et végétale d'acide gras de type oméga-3.
Elles sont mucilagineuses comme les graines de lin. Il est recommandé de les consommer entières ou moulues, mais toujours trempées dans au moins quatre fois leur volume en liquide, pour une texture crémeuse et gélatineuse.

Ingrédients (pour 2 portions)

- **40 g de graines de chia**
- **2,5 dl de lait d'amandes**
- **2 cs de poudre de noix de coco**
- **2 cs de lait ou eau de noix de coco**
- **2 gouttes de stévia**
- **Poudre de vanille, selon le goût**
- **100 g de framboises fraîches ou dégelées**

Marche à suivre

Faire tremper les graines de chia dans le lait d'amandes pendant 30 minutes pour obtenir un gel. Mélanger ce gel dans un mixeur puissant pour le rendre onctueux.
Rajouter ensuite la poudre et le lait ou l'eau de noix de coco, la stévia (ou autre édulcorant de votre choix), la vanille, ainsi que la moitié des framboises. Mixer à nouveau tout ensemble. Servir la crème dans un bol et recouvrir avec le reste des framboises.

TAPIOCA VERT AUX FRUITS

Cette recette constitue un petit déjeuner de grande densité nutritionnelle. À privilégier avant une journée chargée ou une randonnée qui demande de l'énergie immédiatement disponible. Un délice rassasiant et riche en nutriments.

Ingrédients

- **4 cs de graines de chia**
- **2,5 dl de lait d'amandes (ou autre lait végétal)**
- **1 banane**
- **1 cs d'huile de lin**
- **Le jus d'1 citron**
- **2 cs de graines de lin et de sésame, moulues**
- **1 cs de poudre verte**
- **Quelques graines de courge et noix du Brésil (ou autres graines et noix)**
- **Framboises fraîches (ou autres fruits)**

Marche à suivre

Pour réaliser le tapioca, faire tremper les graines de chia dans le lait d'amandes pendant 15 minutes, bien mélanger et conserver au frigo.
Écraser la banane dans une assiette creuse et bien incorporer l'huile et le jus de citron. Rajouter la poudre verte, 2 grosses cuillères de tapioca de chia, bien mélanger, puis recouvrir de graines, de noix et de fruits frais, au choix.

LE SAVIEZ-VOUS?

Les poudres vertes sont des mélanges de feuilles vertes, graines germées, jus d'herbes diverses et algues variées, qui ont été séchés, déshydratés et moulus en une fine poudre.
En les rajoutant dans nos mets, on augmente leur valeur nutritive et leur contenu en minéraux, protéines, enzymes et électrolytes.

CRÈME DE COCO AUX FRUITS FRAIS

Le petit déjeuner est le repas le plus facile à convertir en repas cru et sain. Que ce soit un jus, un smoothie, des fruits ou des porridges, le choix et le plaisir sont toujours au rendez-vous. Cette recette est simplissime et se prépare en 10 minutes top chrono.

LE SAVIEZ-VOUS?

La noix de coco est un ingrédient très sain, un antiviral et antioxydant puissant. C'est bio et non raffinée qu'elle offre tous ses bienfaits: des acides gras à moyenne chaîne très digestes (dont l'acide laurique, un carburant pour le cerveau), fibres, fer, vitamines, minéraux (surtout potassium) et électrolytes très hydratants. La noix de coco favorise la santé des os et de la peau. Elle combat les radicaux libres, le cancer et les maladies dégénératives.

Ingrédients (pour 1 portion)

- **2 cs de poudre de noix de coco**
- **2 cs de graines de chanvre décortiquées**
- **1 cs de graines de chia**
- **2,5 dl de lait d'amandes**
- **¼ de cc de poudre de vanille et de cannelle**
- **Des fruits de saison découpés, tels que framboises et abricots**

Marche à suivre

Verser le lait d'amandes sur les graines et les laisser gonfler 10 minutes, puis rajouter la vanille et la cannelle, et bien mélanger. Recouvrir de fruits frais à volonté et déguster sans attendre.

LAIT DE CHANVRE VANILLÉ

Parmi les laits végétaux, le lait de chanvre est le plus riche en protéines végétales. Il constitue donc une base parfaite pour des smoothies super protéinés, ou pour une boisson rassasiante sans être trop riche en calories.

Ingrédients (pour 1 litre)

- **125 g de graines entières de chanvre, trempées au moins 4 heures, puis rincées**
- **2-3 dattes dénoyautées**
- **⅓ de gousse de vanille (ou les graines d'½ gousse, ou de la vanille en poudre)**
- **1 pincée de sel**
- **1 litre d'eau**

Marche à suivre

Bien mélanger tous les ingrédients au mixeur jusqu'à ce que les graines soient bien pulvérisées dans l'eau. Filtrer dans un sac à lait ou un tamis, et boire ! Ce lait se conserve pendant 3 jours au frigo dans une bouteille hermétique en verre. Si le lait se sépare de l'eau, il suffit de bien remuer avant de le servir. On peut aussi confectionner ce lait à base de graines de chanvre décortiquées, mais celles-ci sont plus chères et moins faciles à trouver. Il sera alors inutile de filtrer la boisson.

LE SAVIEZ-VOUS?

Les laits végétaux, simples à préparer et bon marché, remplacent facilement les produits laitiers qui nous font plus de mal que de bien. Aussi, n'hésitez pas à faire le pas et lancez-vous dans la confection de lait d'oléagineux onctueux à souhait ! Ici, le chanvre, la meilleure source végétale de protéines, sert de base pour ce lait savoureux et nourrissant.

CONFITURE CRUE À LA FRAMBOISE

Le mot confiture est synonyme de sucre cuit, ainsi une version crue s'en éloigne car elle ne prévoit ni sucre raffiné ni cuisson. C'est une purée de fruits frais, légèrement gélifiée. Contrairement à la confiture classique, elle ne se conserve pas longtemps.

LE SAVIEZ-VOUS?

Les fruits sont des sucres naturels qui sont facilement assimilables par le corps. Cependant, en cas de surpoids important, de pression élevée, de diabète, de cholestérol élevé ou encore de cancer, il vaut mieux limiter voire éviter la consommation de fruits, à l'exception du citron, car il est recommandé d'éliminer toutes les formes de sucre pour encourager la guérison.

Ingrédients

- **1 cs de graines de chia blanches**
- **4 cs d'eau ou de jus de pommes**
- **200 g de framboises**
- **1 cs de jus de citron**
- **¼ de cc de poudre de psyllium**
- **¼ de cc de poudre de vanille**
- **1 à 2 cc de miel liquide ou de sirop d'agave (selon le goût)**

Marche à suivre

En premier lieu, préparer un gel en laissant tremper au moins 15 minutes les graines de chia dans l'eau ou le jus de pommes pour profiter de la pectine gélifiante de la pomme. Ce gel peut être mixé pour obtenir une consistance plus lisse, mais c'est inutile avec les framboises qui ont de toute façon des petits grains. Dans un mixeur, mélanger tous les ingrédients. Goûter et corriger la saveur. Servir sur des crackers et de la purée d'amandes.

Les salades

SALADE DE PISSENLITS

Les verdures, en particulier les plantes sauvages comestibles, sont extrêmement riches en nutriments vitaux. La résistance de ces plantes est telle que leurs nutriments nous rendent plus forts. Si vous avez la chance de cueillir des pissenlits ou dents-de-lion printaniers, vous ferez une salade douce-amère exquise !

LE SAVIEZ-VOUS?

Les pissenlits ou **dents-de-lion** sont un diurétique efficace et doux, une manière parfaite d'éliminer au printemps les toxines accumulées durant l'hiver. Riches en fer et en multiples vitamines (A, B6, C, E, K), les feuilles sont une excellente source d'acide folique, de fibres, manganèse, phosphore, cuivre, calcium, potassium et magnésium.

Ingrédients (pour 4 portions)

- **400 g de pissenlits**
- **4 œufs durs (en option)**
- **1 dl d'huiles mélangées (olive, colza et noix)**
- **Le jus d'un citron**
- **2 cs de vinaigre de cidre**
- **1 cc de poudre de moutarde**
- **1 cc de miel ou sirop d'agave**
- **Une pincée de sel cristallin (ou de mer) et de piment d'Espelette**

Marche à suivre

Laver les feuilles de pissenlits à pleine eau et hacher les feuilles finement. Préparer une vinaigrette bien relevée en mixant les ingrédients ci-dessus. En verser suffisamment sur la salade et rajouter les œufs durs découpés, pour ceux qui en consomment. Les traditionnels croûtons à l'ail et les lardons sont inutiles dans cette délicieuse salade de printemps !

SALADE PRINTANIÈRE DU JARDIN

La meilleure manière de développer sa créativité en alimentation vivante est de s'inspirer du potager ou du marché et de mélanger des aliments de saison de manière originale et délicieuse.

Ingrédients (pour 4 portions)

- **1 botte d'asperges vertes**
- **250 g de fraises fraîches**
- **500 g de petits pois frais**
- **Quelques feuilles de menthe, ciselées**
- **Huile d'olive, jus de citron, vinaigre balsamique**
- **Sel et poivre, selon le goût**

Marche à suivre

Laver les asperges dans de l'eau fraîche, sans endommager les pointes délicates. Peler la moitié inférieure. Couper les asperges en petits tronçons et mettre dans un saladier. Laver et équeuter les fraises, puis les découper et les ajouter dans le saladier. Rajouter ensuite les petits pois frais écossés.

Rajouter les feuilles de menthe, puis arroser d'huile d'olive, du jus de citron fraîchement pressé, d'un filet de vinaigre balsamique pour relever les saveurs, et assaisonner selon le goût. Mélanger délicatement et déguster !

LE SAVIEZ-VOUS?

Presque tous les légumes peuvent être consommés crus, à l'exception de la pomme de terre. Par exemple, les asperges, les petits pois, les topinambours et le maïs sont tous délicieux crus, surtout s'ils sont consommés rapidement après avoir été cueillis, car ils demeurent alors encore croustillants et juteux.

SALADE D'ÉPINARDS À LA MANGUE

La salade est un plat omniprésent en alimentation vivante. Elle nous permet de compléter nos besoins quotidiens en légumes, fruits et fibres. Avec un peu de créativité, on peut réaliser des recettes exquises de saison qui sont loin d'être ennuyeuses !

LE SAVIEZ-VOUS?

Pour réaliser une **salade délicieuse et originale**, pensez à rajouter aux verdures des graines germées et jeunes pousses, des légumes ou des fruits, selon vos goûts, ainsi que des graines, olives ou oléagineux. Ensuite, pensez à habiller votre salade d'une sauce savoureuse dans laquelle vous prendrez soin de retrouver les 5 saveurs de base que sont le salé, le sucré, le gras, l'acide et l'épicé.

Ingrédients (pour 4 portions)

- **300 g de feuilles vertes (épinard, cresson, pourpier, roquette, etc.)**
- **1 mangue**
- **1 avocat**
- **1 poivron orange ou rouge**
- **1 barquette de tomates cerises**
- **Une poignée de graines de tournesol**
- **1 orange pressée**
- **1 cs de purée d'amandes**
- **Huile d'olive**
- **Sel cristallin ou de mer et poivre**

Marche à suivre

Laver et essorer les feuilles vertes et les disposer dans un saladier. Découper l'avocat, le poivron rouge et la mangue en dés, et ajouter à la salade avec les tomates cerises tranchées et les graines de tournesol. Arroser avec une sauce à salade à base de jus d'orange, huile d'olive, purée d'amandes, sel et poivre. Bien mélanger, servir et déguster.

SALADE D'ARTICHAUTS

La belle saison est parfaite pour les salades ! Les jeunes pousses et feuilles vertes que la nature nous offre servent de base à de magnifiques salades, ainsi que les légumes détoxifiants, diurétiques et dépuratifs, tels que radis, artichauts ou asperges.

Ingrédients (pour 2 portions)

- **4 gros artichauts**
- **4 branches de céleri**
- **Le jus d'un citron**
- **Huile d'olive**
- **Sel cristallin ou de mer, une pincée de piment d'Espelette**

Marche à suivre

Couper la tige dure, effeuiller les artichauts et retirer le foin afin de ne laisser que le cœur bien propre. Le détailler en fines lamelles et arroser aussitôt de jus de citron pour éviter l'oxydation. Recouvrir de fines tranches de céleri et arroser d'une huile d'olive de qualité. Épicer selon le goût. En option, rajouter des olives fraîches, des feuilles de basilic ou du persil.

* Les **prébiotiques** sont une source d'énergie pour les bactéries intestinales bienfaisantes, encourageant leur prolifération.

LE SAVIEZ-VOUS?

Le cœur de l'artichaut, au goût si raffiné, peut être mangé cru pour en apprécier tous les nutriments ainsi que la saveur unique. Ce légume constitue une excellente source de fibres et de vitamines, de précieux antioxydants, pour retarder le vieillissement et combattre les radicaux libres, ainsi que de prébiotiques*, qui entretiennent une flore intestinale saine.

SALADE DE RADIS ET DE FENOUIL

La salade peut se présenter sous tellement de formes différentes ! Elle peut constituer un repas tout entier, il suffit d'en avoir suffisamment pour être rassasié. Sinon elle constitue une entrée ou un accompagnement parfait, que ce soit avec un repas cru ou un repas classique.

LE SAVIEZ-VOUS ?

Les algues constituent une vaste catégorie d'aliments végétaux provenant de la mer, qui offrent une richesse de nutriments essentiels à la santé. Renouvelables, ces plantes de mer vont jouer un rôle de plus en plus important pour résoudre les problèmes de nutrition dans le monde. Riches en acides aminés et en iode, elles permettent de réduire sensiblement les protéines d'origine animale.

Utilisez la poudre d'algues dans vos salades pour remplacer le sel.

Ingrédients (pour 2 portions)

- **1 gros fenouil**
- **Une botte de radis de printemps**
- **1 pamplemousse**
- **1 oignon rouge**
- **Huile de noix**
- **1 cc de poudre d'algues**
- **Une pincée de piment d'Espelette**

Marche à suivre

Émincer le fenouil et couper le pamplemousse à vif, puis l'oignon rouge en fines tranches et les disposer dans un saladier. Laver, équeuter et trancher les radis, puis les rajouter. Verser un filet d'huile de noix et saupoudrer de poudre d'algues et de piment d'Espelette pour épicer.

Bien mélanger et savourer.

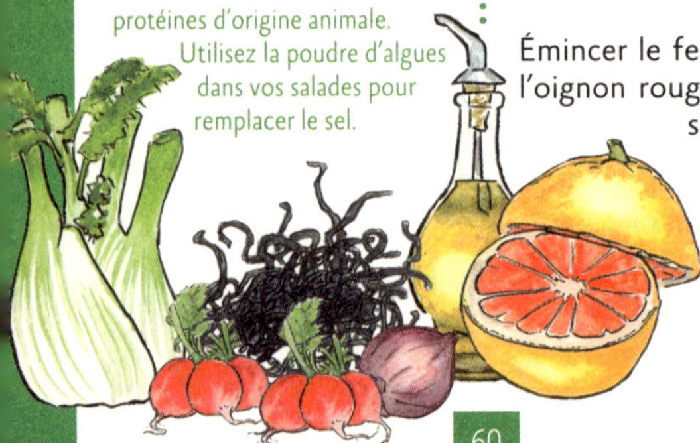

TABOULÉ AU CHOU-FLEUR

Voici une recette crue délicieuse qui permet aux intolérants et autres personnes qui évitent le gluten de profiter de cette délicieuse salade estivale. Un plat rafraîchissant qui accompagne tous les plats d'été.

Ingrédients (pour 2 portions)

- **1 petit chou-fleur**
- **Des tomates cerises**
- **Une poignée d'herbes fraîches : persil, ciboulette, menthe, ail des ours**
- **Quelques olives noires**
- **Huile d'olive et jus de citron**
- **Sel et poivre, selon le goût**

Marche à suivre

Laver et sécher le chou-fleur, puis séparer les fleurs en petits morceaux. Passer le tout dans un robot ménager (muni d'une lame en « S ») afin d'obtenir une consistance identique au couscous. Verser dans un saladier. Rajouter les tomates cerises coupées en quatre, les herbes de votre choix en grande quantité et finement ciselées, ainsi que les olives noires hachées. Asperger d'huile d'olive et de jus de citron fraîchement pressé. Assaisonner, mélanger et déguster !

LE SAVIEZ-VOUS?

Le gluten est omniprésent dans les plats préparés et un nombre infini de recettes modernes. Et pourtant, les intolérants au gluten sont de plus en plus nombreux. L'alimentation vivante est exempte de tout gluten et offre de très nombreuses alternatives au gluten raffiné qui cause tant de dégâts. Il suffit de préparer ses propres plats et de choisir ses ingrédients en conséquence.

SALADE DE CAROTTES ÉPICÉES

Il est si simple de confectionner une salade exquise à partir de nos ingrédients préférés ! Pensez à assaisonner vos salades de manière originale pour encore plus de plaisir.

LE SAVIEZ-VOUS ?

Les épices jouent un rôle important dans notre alimentation. Elles constituent souvent une aide précieuse à la digestion et ajoutent des saveurs séduisantes dans nos assiettes. En alimentation vivante, certaines permettent de réchauffer les plats qui ne sont ni cuits ni chauffés, comme gingembre, curry, girofle, cannelle, poivre, piment, cumin. On utilise ces épices avec générosité pour profiter de tous leurs bienfaits pour la santé.

Ingrédients (pour 2 portions)

- **3 carottes râpées**
- **½ fenouil râpé**
- **Une branche de céleri**
- **Une poignée de roquette**
- **1 grosse poignée de jeunes pousses ou graines germées**
- **1 orange**
- **Un morceau de gingembre râpé**
- **Un peu de poudre de curcuma**
- **Huile d'olive et vinaigre de cidre selon le goût**
- **Sel et poivre**

Marche à suivre

Râper les carottes et le fenouil et les disposer dans un saladier. Couper la branche de céleri en fines tranches et les rajouter à la salade avec l'orange découpée, les feuilles de roquette et les pousses ou graines. Râper le gingembre dans un petit bol, et mélanger avec l'huile, le vinaigre, le curcuma, sel et poivre avant d'apprêter sur la salade.

SALADE DE CHOU AUX AIRELLES

La salade reste le plat par excellence en alimentation vivante. Mais elle est loin d'être ennuyeuse et peut prendre de nombreuses formes, textures et couleurs pour ne jamais manquer de variété.

Ingrédients (pour 4 portions)

- **¼ de chou blanc**
- **½ poivron rouge**
- **1 grosse carotte**
- **50 g d'amandes**
- **Une poignée d'airelles séchées**
- **Une poignée de feuilles de coriandre**
- **Le jus d'un citron vert**
- **2 cs d'huile de lin**
- **2 cs de sirop d'agave**
- **2 cs d'oignon rouge, émincé**
- **1 avocat moyen, coupé en morceaux**

Marche à suivre

Découper le chou, ainsi que le poivron et la carotte pelés en morceaux. Placer tous les ingrédients, excepté l'avocat, dans le robot avec la lame en « S » et procéder à quelques pulsations successives, jusqu'à ce que tous les aliments aient la taille désirée. Servir dans un bol à salade et garnir avec les morceaux d'avocat.

LE SAVIEZ-VOUS?

Le secret d'une salade délicieuse réside dans **la sauce**, certes, mais aussi dans **les ingrédients que l'on choisit de marier**. Quelques graines ou quelques fruits secs peuvent apporter une touche exotique, une saveur ou une texture inhabituelle qui feront d'une simple salade un plat savoureux. Ici, les airelles séchées font toute la différence!

SALADE DE LENTILLES GERMÉES

Pour faire de la salade un plat complet et rassasiant, qui nous suffit jusqu'au repas suivant, rien de tel qu'une salade enrichie de graines germées, source parfaite de protéines végétales.
Les lentilles sont l'exemple parfait, car elles sont faciles et rapides à germer et savoureuses dans une salade mêlée.

LE SAVIEZ-VOUS?

Les légumineuses sont une source importante de protéines végétales. En alimentation crue, on prend toujours soin de les faire germer avant de les consommer, car ainsi elles ont conservé toutes leurs enzymes, ont préservé leurs vitamines, sont plus digestes et leurs nutriments se sont décuplés.

Ingrédients (pour une portion)

- **50 g de lentilles germées**
- **1 carotte**
- **1 oignon nouveau**
- **1 tomate**
- **1 branche de céleri**
- **Quelques feuilles de basilic**
- **Huiles de votre choix (noix et/ou olive) et vinaigre de cidre**
- **Sel, poivre et épices selon le goût**

Marche à suivre

Faire germer les lentilles 2 jours avant : tremper toute une nuit, puis égoutter et laisser germer, en rinçant matin et soir. Verser dans un saladier. Râper la carotte, hacher l'oignon, couper la tomate, détailler le céleri et ciseler le basilic, puis assaisonner tous les ingrédients avec une bonne huile, du vinaigre de cidre, et des épices selon le goût. Le gingembre sied à merveille dans cette recette.

Les soupes, crèmes et veloutés

SOUPE FROIDE DE CRESSON

Les soupes crues préservent tous les nutriments des aliments, qui sont en partie détruits à la cuisson. Elles sont donc plus nutritives, plus énergisantes, en plus d'être beaucoup plus rapides à préparer. Toutefois, les légumes crus révèlent un goût plus prononcé aussi faut-il tester différents ingrédients avant de trouver son bonheur ! Je vous invite à découvrir le vôtre...

LE SAVIEZ-VOUS?

Toutes **les feuilles vertes** recèlent une multitude de bienfaits, car elles sont riches en chlorophylle et en minéraux. Le geste santé par excellence est d'en inclure le plus possible dans son alimentation quotidienne : sous forme de jus, de smoothies, de soupes, de salades, de poudres séchées, de condiments, etc.

Ingrédients (pour 4 portions)

- **1 botte de cresson**
- **2 branches de céleri**
- **1 avocat**
- **1 gousse d'ail**
- **Le jus d'un citron**
- **1 cc de miso ou de concentré de bouillon végétal bio**
- **½ cc de poivre de Cayenne**
- **½ cc de noix de muscade**
- **1 litre d'eau**

Marche à suivre

Laver le cresson, détailler le céleri, retirer la chair de l'avocat, peler la gousse d'ail et extraire le jus de citron. Placer tous les ingrédients dans un mixeur puissant et mixer afin d'obtenir une soupe fraîche et onctueuse. Corriger les goûts si nécessaire. Cette soupe se conserve bien au frigo 2-3 jours dans une bouteille hermétique.

SOUPE D'ORTIES

Mauvaises herbes urticaires, les orties sont surtout des plantes sauvages comestibles très nutritives, riches en chlorophylle, minéraux, vitamines et oligoéléments. Une pharmacopée gratuite, renouvelable et disponible partout ! Elles sont toniques, diurétiques, dépuratives et anti-inflammatoires. Crue, l'ortie offre tous ses bienfaits. On ne cueille que les jeunes pousses, les pointes des premières feuilles de printemps. Mixée ou en jus, l'ortie ne pique plus du tout.

Ingrédients (pour 2 à 4 portions)

- **300 g de jeunes feuilles d'ortie**
- **1 courgette**
- **1 échalote**
- **Le jus d'½ citron**
- **2 cs d'huile d'olive**
- **1 cc de miso ou de concentré de bouillon végétal bio**
- **Sel, poivre, origan, ail, selon le goût**
- **5 dl d'eau chaude**

Marche à suivre

Laver les feuilles d'ortie à grande eau, avec des gants, et les placer dans un mixeur puissant avec tous les autres ingrédients. Mixer le temps nécessaire pour obtenir une soupe tiède et onctueuse. Goûter et corriger les goûts si nécessaire. Déguster en prenant conscience du bien que l'on fait à son corps !

LE SAVIEZ-VOUS?

Manger cru ne veut pas forcément dire manger froid ! En effet, **on peut réchauffer tous les mets crus jusqu'à 42°C**, température à laquelle les enzymes bienfaisantes sont détruites. Jusqu'à cette température, qui est tiède, les mets préservent tous les nutriments et sont considérés comme crus. Les épices contribuent aussi à chauffer les aliments.

VELOUTÉ D'ASPERGES

Les asperges aussi, contre toute attente, sont délicieuses crues, surtout les vertes ! Veillez cependant à les choisir les plus fraîches possibles, elles seront bien meilleures, croquantes et moins fibreuses si elles viennent d'être cueillies. Elles conviennent bien pour les soupes, mais peuvent aussi s'associer à de nombreux mets.

LE SAVIEZ-VOUS?

Dans **les soupes crues**, on peut mettre de l'eau tiède, voire chaude, sans risquer de cuire les aliments et détruire les nutriments. On profite ainsi du cru dans une soupe réconfortante.

Ingrédients (pour 4 à 6 portions)

- **1 botte d'asperges vertes très fraîches**
- **3 branches de céleri**
- **3 tomates séchées**
- **1 courgette et 1 oignon rouge**
- **Quelques feuilles de basilic**
- **3 cs de purée d'amandes**
- **2 cs de vinaigre de cidre**
- **1 cc de miso ou de concentré de bouillon végétal bio**
- **Eau chaude selon la consistance désirée**

Marche à suivre

Couper le tiers inférieur des asperges (la partie plus dure et fibreuse) et n'utiliser que le reste. Mélanger tous les ingrédients dans un mixeur puissant et servir tiède avec du céleri-branche haché, des pointes d'asperge hachées, et quelques feuilles de basilic émincé. Rajouter sel et poivre, selon le goût.

CRÈME D'ÉPINARDS

Profitez des jeunes verdures que la belle saison nous offre en abondance ! Sous forme de soupes, elles sont aussi succulentes qu'en salades, et les soupes crues constituent un repas excellent pour la santé et très facile à préparer ! Elles se conservent quelques jours dans une boîte hermétique et sont très pratiques à emporter.

Ingrédients (pour 4 portions)

- **200 g d'épinards**
- **½ bouquet de coriandre**
- **1 avocat**
- **1 échalote**
- **30 g de noix de cajou, trempées 1h**
- **Le jus d'une orange**
- **1 cs de shoyu ou tamari**
- **1 litre d'eau tiède**

Marche à suivre

Rincer les feuilles d'épinard et les branches de coriandre, retirer la chair de l'avocat, peler l'échalote et extraire le jus de l'orange. Mélanger tous les ingrédients dans un mixeur puissant, et servir tiède. Rajouter sel et poivre, selon le goût. Décorer de jeunes pousses d'alfalfa ou de tournesol.

LE SAVIEZ-VOUS?

En alimentation vivante, on privilégie les aliments qui offrent une **densité nutritionnelle élevée**. Par ailleurs, on cherche à rendre les aliments plus **digestes** par différentes techniques telles que le trempage, la germination, la fermentation ou encore la déshydratation. On transforme aussi les aliments par l'extraction de jus, ou le mixage de smoothies et de soupes, car ainsi, ils sont prédigérés et demanderont moins de travail digestif.

GASPACHO TROPICAL

Dès que les pastèques de culture biologique sont disponibles, ne manquez pas de faire cette recette ! Aux saveurs tropicales soutenues, ce gaspacho façon crue est particulièrement apprécié et rafraîchissant. Pour les longues et chaudes soirées d'été…

LE SAVIEZ-VOUS?

La pastèque est sans doute le fruit le plus rafraîchissant. Profitez-en lorsque la chaleur de l'été est à son comble ! Il est aussi très digeste et il est recommandé de le consommer seul, ce qui est également le cas de toute la famille des melons. Simplement mixée, la pastèque donne une boisson fraîche très hydratante.

Ingrédients (pour 4 portions)

- **La moitié d'une grosse pastèque**
- **2 grosses tomates**
- **½ concombre**
- **1 poivron rouge**
- **1 oignon de printemps**
- **Le jus de 2 citrons verts (limette)**
- **Une petite poignée de coriandre fraîche**
- **1 cc de gingembre râpé**
- **½ piment épépiné et finement haché (en option)**
- **Sel et poivre, selon le goût**

Marche à suivre

Peler et épépiner la pastèque, en réserver un quart à découper en petits dés, et mélanger le reste au mixeur en un liquide onctueux. Ceci constitue la base de la soupe. Rajouter ensuite tous les autres ingrédients préalablement hachés, ciselés ou détaillés en petits dés, et bien mélanger. Épicer en dernier, mélanger, et déguster !
Cette soupe est encore meilleure après avoir été réfrigérée pendant quelques heures.

SOUPE FROIDE AU CONCOMBRE

Cette soupe d'été se sert bien froide. Elle est légère, hydratante et convient parfaitement comme entrée d'un repas estival ou pour un en-cas simple et digeste.

Ingrédients (pour 4 portions)

- **1 courgette**
- **2 concombres**
- **1 oignon de printemps**
- **1 bouquet de ciboulette**
- **50 g de pignons (ou noix de cajou)**
- **1 cc de concentré de bouillon de légumes ou de miso**
- **2 c. à s. d'huile d'olive (ou autre)**
- **2 c. à s. de jus de citron**
- **Sel, poivre, piment d'Espelette selon le goût**

Marche à suivre

Réserver un peu de concombre, d'oignon et de ciboulette, à hacher finement pour la décoration. Mettre la courgette, le concombre et l'oignon en morceaux, la ciboulette ciselée et les autres ingrédients dans le mixeur, et bien mélanger. Pour affiner la texture, filtrer la soupe dans un sac à lait ou un tamis. Servir la soupe avec les dés de concombre, d'oignon et de ciboulette, un filet d'huile (par exemple, de pistache) et une pincée de piment d'Espelette.

LE SAVIEZ-VOUS?

Les soupes crues sont très faciles et beaucoup plus rapides à réaliser que les soupes cuites, et elles offrent une « nutrivitalité » supérieure. L'astuce est de choisir les ingrédients en vous inspirant de vos soupes préférées, et de rajouter des saveurs (concentré de bouillon, herbes et épices), ainsi qu'un corps gras (purée d'oléagineux, avocat, noix, huiles) pour les rendre onctueuses et délicieuses.

Les plats

HOUMOUS DE COURGETTES

Le traditionnel houmous du Moyen-Orient se prépare avec des pois chiches. Même germés, ceux-ci sont relativement indigestes. Aussi, cette recette privilégie les courgettes, plus légères et onctueuses, pour un résultat proche de l'original grâce aux autres ingrédients typiques.

Ingrédients (pour plusieurs portions)

- **2 courgettes (300 g)**
- **150 g de tahin (purée de graines de sésame)**
- **1,2 dl de jus de citron frais**
- **4 cs d'huile d'olive**
- **2 gousses d'ail pressées**
- **½ cc de sel cristallin**
- **½ cc de cumin en poudre**
- **Poivre de Cayenne**

Marche à suivre

Peler et couper les courgettes en morceaux, extraire le jus des citrons, peler et presser les gousses d'ail.
Dans un mixeur puissant, mélanger tous les ingrédients jusqu'à l'obtention d'une crème onctueuse et bien homogène. Servir avec des crackers crus ou un plateau de crudités diverses, comme sauce à tremper.

LE SAVIEZ-VOUS?

Le citron est le fruit alcalinisant par excellence. Étonnamment, il est un antiacide pour l'estomac. Il faut distinguer entre « goût acide » et neutralisation de l'acidité gastrique. Pendant la digestion (et ce, dès qu'il est en bouche), le citron se transforme en bicarbonate de potassium ou de calcium, qui a un effet alcalin, donc qui neutralise l'acide. De plus, c'est un antioxydant et un conservateur naturel puissant.

SPAGHETTI DE LÉGUMES À L'AIL DES OURS

Profitons des herbes sauvages savoureuses telles que l'ail des ours, pour parfumer nos plats, car la saison est courte ! Cette herbe que les connaisseurs peuvent cueillir en forêt est idéale pour confectionner des pestos bien relevés.

LE SAVIEZ-VOUS?

Pour conférer **des textures et des saveurs variées** aux ingrédients crus et ainsi réaliser de délicieux plats, on utilise en alimentation vivante des appareils et accessoires de cuisine ingénieux : un robot pour broyer, un mixeur pour mélanger en velouté, une mandoline pour trancher, un spiraliseur pour réaliser des pâtes, des râpes diverses ou encore un déshydrateur pour concentrer les saveurs, sécher en croustades ou simplement réchauffer.

Ingrédients (pour 1 portion)

- **1 courgette par personne, pour les spaghetti**
- **40 g de noix de cajou ou de pignons**
- **Une grosse poignée de feuilles d'ail des ours**
- **1 dl d'huile d'olive**
- **½ citron pressé**
- **2 cs d'eau**
- **1 gousse d'ail pressée**
- **1 cc de sel**

Marche à suivre

Préparer d'abord le pesto en mixant tous les ingrédients à part la courgette dans un robot ou un mixeur.
Réaliser ensuite les spaghetti de courgette avec un spiraliseur, sinon en pelant la courgette avec un éplucheur en la tournant chaque fois dans la main. Répartir le pesto sur les spaghetti et servir avec des tomates cerises !

RATATOUILLE MARINÉE

La marinade est une technique simplissime pour ramollir les légumes et ainsi leur conférer une texture différente, parfois même plus appétissante. S'ils sont déshydratés après avoir été marinés, alors ils prennent une saveur et une allure de légumes cuits à la vapeur.

Ingrédients

- **Choix de légumes : courgettes, tomates, poivrons rouges, jaunes ou oranges, oignons, aubergines, champignons, poireaux, petits pois, carottes, brocoli, asperges vertes, verdures**
- **Pour la marinade : huile d'olive, citron, shoyu ou tamari, herbes aromatiques (basilic, ciboulette, thym, persil, etc.), poivre**

Marche à suivre

Préparer vos légumes : laver, apprêter, peler et couper en fines tranches ou en petits morceaux. Les recouvrir d'huile et de citron, ainsi que d'herbes aromatiques. Saler, poivrer et épicer. Pour un goût plus relevé, ajouter du shoyu ou du tamari. Bien mélanger et laisser mariner au moins 2 heures ou toute une nuit au frigo. Avant de servir, réchauffer au déshydrateur à 42°C pendant une heure ou au four pendant 10 minutes à feu très doux. Cela permettra de réchauffer sans cuire.

* Les **probiotiques** sont des micro-organismes vivants et bénéfiques qui composent notre flore intestinale.

LE SAVIEZ-VOUS?

Le shoyu est une sauce de soja fermentée naturellement, qui sert de condiment en cuisine crue. La version crue (ou « nama shoyu ») est à préférer, car elle offre des acides aminés et des probiotiques* bienfaisants. Les intolérants au gluten choisiront le tamari, au goût plus relevé. Les deux versions sont plus naturelles et plus nutritives que les sauces de soja commerciales.

CARPACCIO DE COURGETTES

Il existe beaucoup plus de recettes crues dans la cuisine traditionnelle que l'on ne l'imagine. De nombreuses cultures ont préservé des recettes purement crues et savoureuses dans leurs coutumes. Il ne tient qu'à nous de les adopter ! En voici une qui vient tout droit de Toscane.

LE SAVIEZ-VOUS ?

Le secret pour une transition facile vers plus d'aliments vivants est d'apprendre à **recréer les saveurs et les sensations** auxquelles nous sommes habitués. La popularité des pâtes, par exemple, est largement due aux sauces que l'on peut créer facilement en version crue. De même, l'envie de fromage est souvent une envie de sel.

Ingrédients (pour 1 portion)

- **1 petite courgette**
- **¼ d'oignon rouge**
- **Huile d'olive**
- **Sel, olives noires, feuilles de basilic**
- **½ citron à presser**
- **Une poignée de noix du Brésil**
- **1 gousse d'ail**

Marche à suivre

Couper les courgettes en fines tranches dans la longueur, à l'aide d'une mandoline. Les plier en deux et les disposer sur une assiette. Rajouter quelques rondelles d'oignon rouge. Verser un filet d'huile d'olive, du jus de citron, puis parsemer de basilic et d'olives.

Préparer ensuite un granulé de noix du Brésil en mixant une grosse poignée de ces noix avec une gousse d'ail pressée et du sel dans un robot (avec la lame en « S »). Cela donne un granulé salé et savoureux qui remplace le parmesan.

ROULEAUX DE PRINTEMPS AUX CRUDITÉS

Il n'est pas nécessaire que chaque ingrédient soit impérativement cru pour profiter des multiples bienfaits de l'alimentation vivante ! Ici, nous avons créé des rouleaux de printemps avec des feuilles de riz. Pour une version crue, utilisez des feuilles de verdures.

Ingrédients (pour 2 rouleaux)

- **2 feuilles de riz**
- **1 carotte**
- **Une poignée de roquette ou de cresson**
- **1 morceau de poireau**
- **½ avocat**
- **Une poignée de pousses (alfalfa par exemple)**
- **Huile de sésame et sauce de shoyu**

Marche à suivre

Pour la farce, râper la carotte et couper de fines rondelles dans le poireau, mélanger avec les verdures. Verser un petit peu d'huile et de shoyu, mélanger. Mouiller les feuilles de riz dans de l'eau tiède pour les assouplir et les poser sur une planche en bois. Disposer de la salade au milieu, recouvrir de tranches d'avocat et d'une poignée de pousses. Rouler la feuille à moitié, puis rabattre les deux côtés, et fermer le rouleau bien serré. Couper en deux et servir.

LE SAVIEZ-VOUS?

Manger sainement ne demande pas plus d'effort. C'est un état d'esprit et de conscience ! Préparer quelques crudités et les rouler dans une feuille de verdure prend autant de temps que de couper une baguette et de la tartiner de mayonnaise et de jambon. La différence se fera sentir dans le corps immédiatement et sur le long terme. Choisissez la vitalité !

MINI-QUICHES AUX ÉPINARDS ET CHAMPIGNONS

Cette recette plus élaborée convient parfaitement pour un repas gourmet cru. Une quiche crue, c'est possible !
Cela demande l'utilisation d'un déshydrateur – le four qui ne détruit pas les nutriments – pour créer une texture croustillante.

Ingrédients (pour 4 quiches)

- **150 g de noix de cajou**
- **2 cs de graines de lin moulues**
- **1 cs d'herbes de Provence**
- **1 cs d'huile d'olive**
- **1 cs de jus de citron**
- **3 cs d'eau**
- **Sel, selon le goût**

POUR LA FARCE :
- **1 petite courgette**
- **1 cs de graines de lin moulues**
- **1 cs de jus de citron**
- **100 g de jeunes feuilles d'épinard**
- **100 g de champignons blancs**
- **4 cm de poireau**
- **Huile d'olive, sauce shoyu, poudre d'ail**

Marche à suivre

Pour les tartelettes, bien mélanger les noix de cajou au robot avec les autres ingrédients. Étaler cette masse dans quatre moules à tartelettes recouverts de film alimentaire. Déshydrater à 40°C pendant 2 heures, puis démouler et sécher encore 6 heures.

Pour la farce, faire mariner le poireau tranché très finement, les champignons tranchés et les feuilles d'épinards dans de l'huile d'olive, du shoyu et de la poudre d'ail pendant 2 heures. Mélanger la courgette au mixeur avec le citron et la poudre de graines de lin. Verser cette sauce épaisse sur les légumes marinés et remplir les tartelettes. Déguster aussitôt ou après 1-2 heures au déshydrateur.

PÂTES AUX ASPERGES ET PETITS POIS

Les asperges et les petits pois, quand ils sont frais, lorsqu'ils viennent d'être cueillis, sont particulièrement croquants et juteux, parfaitement délicieux crus. Profitez de la saison !

LE SAVIEZ-VOUS?

L'idéal pour **profiter de tous les nutriments** que les aliments ont à nous offrir est de les manger crus. Certaines méthodes permettent d'améliorer le goût ou la texture des légumes durs, telles que la marinade, la déshydratation, le trempage dans une eau très chaude, ou le massage avec de l'huile. La méthode de cuisson la moins nocive est la vapeur douce.

Ingrédients (pour 2 portions)

- **1 grande courgette**
- **75 g de petits pois frais et d'asperges vertes fraîches**

POUR LA SAUCE :

- **1 avocat**
- **Le zeste et le jus d'½ citron**
- **3 cs d'eau**
- **Sel, poivre et herbes italiennes, selon le goût**

Marche à suivre

Réaliser des spaghetti de courgette avec un spiraliseur, sinon en pelant la courgette avec un éplucheur. Découper les asperges en petits morceaux, et éliminer le tiers inférieur, plus fibreux (parfait pour vos jus !). Pour des légumes moins croquants, les couvrir d'eau très chaude pendant 5 minutes; ils ne cuiront pas.

Pour la sauce, mélanger tous les ingrédients dans un mixeur pour obtenir une crème onctueuse. Mélanger les spaghetti de courgette, les petits pois et les asperges avec cette sauce et déguster !

TZATZIKI

Ce plat grec se prépare traditionnellement avec du yaourt de chèvre ou de brebis. Il constitue un en-cas d'été très apprécié et savoureux. Cette version crue est tout aussi simple à préparer.

Ingrédients

- **125 g de noix de cajou, trempées 2-4 heures**
- **Le jus d'un citron**
- **1 gousse d'ail pressée**
- **½ cc de sel**
- **1,2 dl d'eau**
- **½ concombre**
- **Quelques feuilles de menthe ou d'aneth**

Marche à suivre

Mélanger les noix de cajou, le jus de citron, le sel, l'ail et l'eau dans un mixeur assez puissant pour obtenir un mélange très onctueux*. Épépiner, puis râper le concombre (non pelé) assez grossièrement et le laisser dégorger, si nécessaire en rajoutant un peu de sel. Quand le concombre a bien dégorgé, le mélanger à la crème de cajou, puis rajouter les feuilles de menthe ou d'aneth ciselées. Corriger l'assaisonnement selon le goût. Servir très froid avec des crudités ou des biscottes.

* Il faudra pour obtenir une parfaite onctuosité, un mixeur très puissant, de type Vitamix.

LE SAVIEZ-VOUS?

À moins d'être certain de la qualité des probiotiques de vos **yaourts** du commerce, pensez à les remplacer par des préparations exemptes de produits laitiers, tout en proposant une texture agréable et des saveurs originales.
Dans certains plats, les graines de chia servent à créer une base crémeuse et saine. Ici les noix de cajou mixées offrent une texture similaire aux yaourts.

TOMATES FARCIES AUX GRAINES GERMÉES

Les graines germées sont les nutriments sains et digestes par excellence. Parsemez-en vos salades et faites-en l'ingrédient principal de vos plats !

Ingrédients (pour 3 portions)

- **50 g de graines de tournesol germées (trempées la nuit, puis égouttées)**
- **25 g de lentilles germées**
- **25 g de haricots mungo germés**
- **3 cs de purée d'amandes**
- **1 cs d'algues en poudre**
- **1 cs de shoyu**
- **1 cc de sel marin**
- **1 oignon nouveau**
- **2 branches de céleri**
- **100 g de pousses d'alfalfa (3 tasses)**
- **6 tomates moyennes**

Marche à suivre

Mélanger les graines de tournesol, les lentilles, les haricots mungo, la purée d'amandes et l'assaisonnement dans un robot ménager pour obtenir une masse.
Rajouter l'oignon et le céleri hachés, puis actionner le robot par pulsions, afin de préserver une texture dans la masse.
Transvaser le mélange dans un saladier et incorporer les pousses d'alfalfa à la main en malaxant le mélange avec soin.
Évider les tomates et les farcir du mélange.
Servir aussitôt, ou mieux, conserver au réfrigérateur ou à température ambiante durant quelques heures, afin de permettre aux saveurs de bien se mélanger.
Les tomates farcies perdent leurs saveurs après 24 heures et deviennent trop molles, donc ne se conservent pas bien.

LASAGNES DE LÉGUMES

Cette recette simple peut se préparer très rapidement à la dernière minute pourvu que vous ayez en stock les ingrédients nécessaires. Il existe des variantes plus complexes pour une version gourmet. Le principe de la lasagne crue est d'empiler des fines tranches de courgette avec différents ingrédients entre les couches : une crème de noix de cajou, qui tient lieu de fromage, des tomates coupées en tranches ou une sauce tomate, et différents ingrédients pour relever le plat tels que pesto, des feuilles de basilic, des olives noires, etc. Un filet d'huile d'olive, du sel et du poivre... et le tour est joué !

Ingrédients

- **2 courgettes**
- **3 tomates**
- **Une poignée d'olives noires dénoyautées**
- **Quelques feuilles de basilic**
- **Quelques brins de ciboulette**
- **Un filet d'huile d'olive de qualité**
- **Une poignée de jeunes pousses, au choix**
- **Sel et poivre selon le goût**

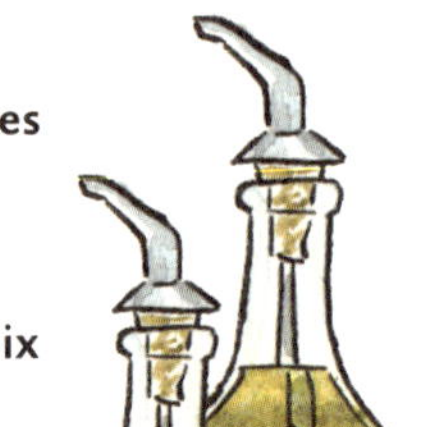

Ingrédients pour la crème de cajou

- **200 g de noix de cajou (trempées 4 heures)**
- **1,5 dl d'eau**
- **Le jus d'un citron**
- **Un peu de zeste de citron**
- **1 cs de vinaigre de cidre**
- **Sel et poudre d'ail, selon le goût**

Marche à suivre

Trancher les courgettes finement dans le sens de la longueur, sans les peler. Préparer la crème de cajou en mélangeant tous les ingrédients dans un mixeur puissant.

Pour assembler la lasagne, disposer quelques tranches de courgette coupées en deux, et superposées sur une assiette. Pour chaque couche, étaler du fromage de cajou, une tranche de tomate, des herbes (basilic, ciboulette) et des olives noires en petites tranches, et ainsi de suite pour 2-3 couches de courgette. Épicer au fur et à mesure, selon le goût. Servir la lasagne entourée de jeunes pousses !

PÂTES CRUES, VITE FAIT BIEN FAIT

En été, les pâtes de courgette sont une bonne alternative aux pâtes traditionnelles, et elles sont beaucoup plus légères. Il suffit de les accompagner de la sauce de votre choix.

LE SAVIEZ-VOUS?

Les enzymes, qui sont détruites à 42°C, sont un des principaux arguments de l'alimentation vivante. En évitant de chauffer les aliments au-delà de cette température, ces précieuses enzymes, qui facilitent la digestion ainsi que de nombreuses autres fonctions métaboliques, sont préservées. Notre corps en fabrique, mais en consommant des aliments riches en enzymes, nous économisons une précieuse énergie!

Ingrédients

POUR LES PÂTES:

- **½ courgette par personne**

LA SAUCE AU PESTO:

- **100 g de noix de cajou (trempées 4 heures si possible)**
- **Une poignée de feuilles de basilic**
- **Une botte de persil**
- **Un filet d'huile d'olive**
- **1 cs de citron**
- **2 gousses d'ail pressées**
- **1 cc de sel**

ACCOMPAGNEMENTS:

- **Tomates cerises**
- **½ oignon rouge**
- **½ avocat**
- **Olives noires**

Marche à suivre

Spiraliser la courgette. Mélanger les ingrédients du pesto dans un mixeur ou un robot en une sauce épaisse.
Verser suffisamment de sauce sur les pâtes de courgette et mélanger délicatement avec les doigts.
Recouvrir de tomates cerises coupées, d'oignon rouge tranché finement, de morceaux d'avocat et d'olives noires.
Bon appétit !

NOUILLES VÉGÉTALES FAÇON PAD-THAÏ

Ce plat typique thaïlandais, à base de nouilles de riz, a inspiré cette recette épicée et colorée à souhait. Une manière agréable de voyager vers les tropiques…

LE SAVIEZ-VOUS?

Les sauces les plus réussies sont celles qui rassemblent les 5 saveurs de base que sont le salé, le sucré, le gras, l'acide et l'épicé. C'est la raison pour laquelle on rajoute toujours une pointe de sucré dans les plats salés, et une pointe de salé dans les douceurs.

Ingrédients (pour 3 portions)

- **2 courgettes**
- **¼ de chou chinois**
- **1 carotte**
- **1 poivron rouge**
- **1 oignon nouveau**
- **50 g de pousses de soja**
- **50 g de pois mange-tout**
- **Une poignée de menthe et de coriandre**

POUR LA SAUCE :

- **4 cs de purée d'amandes**
- **4 tomates séchées**
- **2 cs de shoyu / tamari**
- **2 cs de jus de citron vert (lime)**
- **2 cs d'eau**
- **1 cc de piment en poudre**
- **1 datte dénoyautée**
- **1 gousse d'ail pressée**
- **1 cm de gingembre, pelé**

Marche à suivre

Spiraliser les courgettes et réserver dans un saladier.
Émincer le chou, râper la carotte, couper le poivron, les pois et l'oignon en julienne, ciseler la menthe et la coriandre, et disposer les légumes dans le saladier.
Mélanger tous les ingrédients de la sauce dans un mixeur puissant et verser sur les légumes.
Bien mélanger et servir !

RIZ DE PANAIS

En alimentation vivante, on évite les céréales cuites. Le riz sauvage peut être germé, mais il est plus aisé dans les recettes crues de remplacer le riz par le panais ou le chou-fleur haché finement. À servir en accompagnement d'autres plats, ou comme base pour préparer des makis crus (recette suivante).

LE SAVIEZ-VOUS?

L'alimentation vivante préconise la consommation de légumes, verdures et fruits frais et crus en abondance. Si la plus grande partie de votre assiette est composée d'ingrédients crus, vous disposerez d'enzymes et de nutriments nécessaires à votre santé. N'hésitez donc pas à rehausser les saveurs de vos plats avec des assaisonnements qui ne sont pas crus, comme des huiles et oléagineux grillés, ou du condensé de bouillon, etc.

Ingrédients (pour 6 portions)

- **300 g de panais ou de chou-fleur**
- **100 g de pignons (ou noix de macadamia)**
- **2 cs d'huile de lin**
- **2 cc d'huile de sésame grillée**
- **1 cs de graines de sésame noires**
- **2 cc de sel marin**
- **1 cc de poivre noir**
- **1 oignon frais haché (et/ou de la ciboulette)**

Marche à suivre

Mélanger tous les ingrédients dans un robot ménager avec la lame en forme de « S » jusqu'à l'obtention d'une consistance identique au riz. Interrompre quand nécessaire pour rabattre la matière collée sur les parois du bol avec une spatule. À servir seul ou en accompagnement.

MAKIS VÉGÉTAUX

Les makis végétaux sont des roulades de crudités dans des feuilles d'algues. Ils ne contiennent ni riz ni poisson cru, mais n'offrent pas moins de sensations gustatives !

Ingrédients (pour 8 roulades)

- **8 feuilles d'algue séchée (nori)**
- **400 g de riz de panais**
- **2 cs de miso**
- **1 carotte**
- **½ poivron rouge**
- **½ poivron jaune**
- **½ concombre**
- **1 oignon nouveau**
- **1 avocat**
- **Une grosse poignée de jeunes pousses (alfalfa, tournesol)**

LE SAVIEZ-VOUS?

Comme la version japonaise, **les makis** crus se dégustent avec de la sauce shoyu (soja), du gingembre mariné et du wasabi (raifort japonais).

Marche à suivre

Détailler tous les légumes et l'avocat en fines lamelles. Placer une feuille de nori sur une natte à sushi. Étaler un peu de miso sur le tiers inférieur. Répartir deux grosses cuillères de riz de panais, en prenant soin de bien étaler uniformément sur un rectangle parfait, puis disposer les lamelles de légumes et d'avocat au-dessus.
Recouvrir avec des jeunes pousses.

Commencer à enrouler en tenant tous les ingrédients en place, tout doucement, le plus serré possible afin d'obtenir un rouleau bien tassé. Pour fermer le rouleau, humidifier le bout de la feuille de nori. Utiliser un couteau bien aiguisé pour couper la roulade en deux, puis chaque moitié en trois bouchées.

Les desserts

FRAISES À LA CRÈME

En alimentation vivante, on remplace les produits laitiers par des oléagineux, qui ne présentent pas les mêmes inconvénients pour la santé. Ainsi, pour déguster des fruits de saison à la crème, les noix de cajou font parfaitement l'affaire !

LE SAVIEZ-VOUS ?

Le choix du sucrant à utiliser dans les desserts crus dépend du goût, de la couleur, de la texture et du raffinement. Les fruits secs sont la forme la plus naturelle, d'où la fréquente utilisation de dattes. Le sirop d'agave est neutre de goût et de couleur, son indice glycémique est bas, mais il est très raffiné. Le miel est naturel et bienfaisant, mais il fait grimper le taux de glycémie de manière marquée.

Ingrédients (pour 4 portions)

- **1 barquette de fraises**
- **150 g de noix de cajou, trempées**
- **1 dl de jus d'orange**
- **4 cs de sirop d'agave ou de miel liquide**
- **¼ de cc de poudre de vanille**
- **1 pincée de sel**

Marche à suivre

Laisser tremper les noix de cajou dans de l'eau pendant 2-4 heures pour les ramollir. Pour la crème, mélanger tous les ingrédients sauf les fraises au mixeur puissant, en prenant soin d'arrêter plusieurs fois pour ramener la crème dans le fond du bol avec une spatule. Mixer afin d'obtenir une crème parfaitement lisse. Rajouter un peu d'eau si nécessaire. Servir cette crème avec les fraises ou d'autres fruits de votre choix !

BISCUITS AU CITRON

Ces biscuits offrent une merveilleuse saveur de citron très agréable et rafraîchissante. Leur préparation requiert un déshydrateur pour un résultat optimal, mais on peut aussi congeler les biscuits pour les faire durcir.

Ingrédients (pour 30 biscuits environ)

- **300 g de noix de cajou, trempées 2-4 heures**
- **150 g de poudre de noix de coco**
- **Le zeste de 4 citrons**
- **Le jus de 4 citrons**
- **½ banane bien mûre**
- **4 cs de miel liquide**
- **4 cs de sirop d'agave**
- **½ cc de poudre de vanille**

Marche à suivre

Égoutter et rincer les noix de cajou. Mettre tous les ingrédients dans un robot et bien mélanger pour obtenir une masse homogène. Confectionner des biscuits ou des boules, à la main ou avec une cuillère, et les déposer directement sur les grilles en plastique des plateaux du déshydrateur. Déshydrater pendant 8-10 heures ou jusqu'à la texture désirée.

LE SAVIEZ-VOUS?

De nouveaux sucrants dits naturels ont fait une apparition remarquée ces dernières années, en raison de leur faible impact sur le taux de glycémie. Le xylitol et l'érythritol, deux substances synthétisées à partir de fruits et d'aliments naturels, sont des poudres blanches raffinées. La stévia, au goût d'anis, est préférable en feuilles entières qu'en poudre blanche. Le sucre de noix de coco est une bonne alternative au sucre raffiné et convient à de nombreux desserts.

PRALINES AMANDES ET NOIX DE COCO

Voici une divine recette à base de cacao cru qui ravira les plus exigeants des amateurs de chocolat ! Une illustration parfaite des plaisirs gourmands naturels en alimentation vivante.

Ingrédients (pour environ 50 pralines)

- **250 g de noix du Brésil, trempées au moins 4 h**
- **150 g de noix de coco en poudre**
- **2,5 dl de sirop d'agave**
- **4 cs d'huile de coco**
- **1 cs d'eau de fleur d'oranger**
- **1 pincée de sel**
- **Environ 70 amandes entières, trempées et déshydratées**

POUR L'ENROBAGE AU CHOCOLAT :

- **2 cs d'huile de coco**
- **2 cs de beurre de cacao fondu**
- **2 cs de sirop d'agave**
- **1 cc d'extrait liquide de vanille**
- **45 g de poudre de cacao cru**

Marche à suivre

Pour confectionner les pralines, broyer les noix du Brésil bien égouttées dans un robot. Ajouter le reste des ingrédients, sauf les amandes, et bien mélanger pour obtenir une masse épaisse. Confectionner des mini-boules avec cette masse et enfoncer sur chacune une amande entière. Les poser sur un plateau recouvert d'une feuille plastique et les mettre au frigo avant de les enrober de chocolat.

Pour l'enrobage au chocolat, mélanger tous les ingrédients liquides dans un bol, puis incorporer la poudre de cacao pour obtenir une sauce bien lisse. Tremper les mini-pralines et les enrober de cette sauce avec une cuillère. Laisser égoutter quelques secondes sur une fourchette, puis déposer sur un papier sulfurisé. Placer au réfrigérateur 30 minutes avant de déguster. Rouler les pralines restantes (pour lesquelles vous n'avez plus suffisamment de chocolat) dans de la noix de coco pour des délices sans chocolat mais non moins savoureux.

TARTE AUX BAIES FRAÎCHES

Les tartes crues ont beaucoup de succès et se prêtent à toutes les variétés de fruits. Ce sont les desserts parfaits durant la belle saison !

Ingrédients (pour 1 tarte)

POUR LA PÂTE :

- **250 g d'amandes**
- **125 g de poudre de noix de coco**
- **4 dattes**
- **4 cs de sirop d'agave**
- **½ cc de sel**

POUR LES FRUITS :

- **120 g de myrtilles**
- **120 g de framboises**
- **120 g de mûres**
- **120 g de fraises**
- **2 cs de sirop d'agave**

Marche à suivre

Réduire les amandes en poudre au robot. Rajouter la poudre de noix de coco, les dattes dénoyautées, le sirop et le sel, et continuer à mélanger jusqu'à l'obtention d'une boule. Diviser cette masse en deux boules, l'une de plus grande taille pour confectionner la pâte inférieure de la tarte. Étaler au moyen d'un rouleau à pâtisserie chaque boule entre deux feuilles de papier sulfurisé. Placer la pâte plus large sur votre fond de tarte (sans papier sulfurisé) en vous assurant qu'elle remonte sur les bords de votre moule. Réfrigérer le temps de préparer la suite ou pendant une heure ou deux afin d'obtenir une texture plus ferme.

Dans un petit mixeur, mélanger deux cuillères de chaque baie avec le sirop d'agave afin d'obtenir une sauce onctueuse. Verser cette sauce sur le reste des baies et mélanger délicatement, puis étaler ce mélange uniformément sur le fond de tarte réfrigéré et recouvrir le tout avec la seconde pâte abaissée. Réfrigérer pendant au moins une heure avant de servir !

SORBET TROPICAL

Ce sorbet se prépare en 5 minutes si vous avez la chance de posséder un mixeur très puissant comme le fameux Vitamix. Profitez des fruits de saison en abondance pour en congeler. Voici la recette parfaite pour consommer des framboises congelées.

LE SAVIEZ-VOUS?

Il est très facile et extrêmement rapide de confectionner **des sorbets** à base exclusivement de fruits congelés au moyen d'un blender ou mixeur très puissant. Il suffit qu'une partie des fruits soit congelée pour obtenir un sorbet ou une glace onctueuse. Choisissez les fruits de votre choix, sachant que les suivants donnent d'excellents résultats : bananes, mangues, ananas, melons, abricots, framboises et fraises (mélanger les baies avec d'autres fruits pour plus d'onctuosité).

Ingrédients (pour 4 portions)

- **250 g de framboises congelées**
- **1 grosse mangue bien mûre**
- **2 fruits de la passion**

Marche à suivre

Peler la mangue, en découper la chair et la placer au fond du mixeur. Couper et vider le contenu des fruits de la passion dans le mixeur, puis recouvrir avec les framboises congelées.
Attention, un mixeur bon marché qui ne peut piler la glace ne convient pas. Mixer assez de temps pour obtenir une texture de sorbet, mais pas trop longtemps sinon le sorbet va fondre. Servir dans de jolis verres à vin et manger avec une longue cuillère !

RAISINS ET FRUITS CONGELÉS

Rien de tel en plein été que de se régaler de fruits congelés, tout simplement. Un geste qui remplace fort bien les glaces traditionnelles qui sont beaucoup trop riches en gras et trop sucrées.

Ingrédients

Au choix, parmi vos fruits préférés : raisins, fraises, framboises, cerises, abricots, pêches, melon, pastèque, bananes…

Marche à suivre

Transformer ses fruits préférés en plaisirs glacés, c'est possible ! L'exemple par excellence, ce sont les raisins congelés (mais attention, il vaut mieux utiliser des raisins sans pépins, issus de plantes hybrides) ou des baies congelées, qui, comme les bananes, constituent de vraies bombes de plaisirs glacés en bouche !

À vous d'essayer la variété qui vous comble ! Que ce soit pour le petit déjeuner, à midi, pour un snack ou un dessert, ou encore pour les utiliser comme glaçons originaux dans vos boissons, smoothies ou jus !

LE SAVIEZ-VOUS?

On pourrait penser que les produits congelés sont un atout pour **rafraîchir le corps**. En effet, mais tous les produits surgelés ne sont pas égaux. Ainsi, une glace traditionnelle, riche en crème et sucre, n'aura pas le même effet hydratant qu'un simple fruit congelé !
Un excès de protéine et de gras rend la digestion difficile.
Une digestion difficile demande plus d'énergie et augmente l'activité métabolique, ce qui a pour effet de… réchauffer le corps !

GLACE À L'ABRICOT

L'abondance de fruits succulents, en plein été, et la chaleur ambiante, nous donnent souvent envie de consommer des glaces ou des sorbets. Il n'y a aucune raison de s'en priver, surtout quand on utilise des ingrédients très simples...

LE SAVIEZ-VOUS?

Les glaces crues sont des glaces préparées à base de fruits, de sucrant naturel et de laits végétaux. Elles sont exemptes de produits laitiers et de sucre raffiné. De plus, les ingrédients sont crus et non transformés. Avec des fruits congelés, on peut réaliser ces glaces avec un mixeur très puissant, tout simplement.

Ingrédients

- **10 gros abricots, bien mûrs, congelés**
- **2,5 dl de lait de noix de coco***
- **4 cs de sirop d'agave ou de miel**
- **1 cc de poudre de vanille****

* Pour confectionner votre propre lait de noix de coco, consultez la page 44 (recette de smoothie ananas et noix de coco).

** Vous pouvez préparer votre propre poudre de vanille en faisant sécher au déshydrateur, puis moudre des gousses entières, coupées en morceaux. Sinon, grattez l'intérieur d'une demi-gousse fraîche.

Marche à suivre

Congeler les abricots dénoyautés et découpés en 4 pendant au moins une nuit avant de préparer cette recette. Mélanger tous les ingrédients dans un mixeur très puissant (de type Vitamix) jusqu'à l'obtention d'une crème glacée bien onctueuse. Déguster immédiatement ou conserver dans une boîte hermétique au congélateur.
Cette recette convient aussi bien aux pêches, prunes, mangues et cerises dénoyautées.

SMOOTHIE VERT GLACÉ

Voici une recette simplissime pour apprécier un smoothie vert sous forme glacée. Ce sont les mêmes ingrédients que notre smoothie vert à la mangue de la page 43. En purée épaisse et congelée, on mange un smoothie vert glacé à la petite cuillère, un délice surprenant !

Ingrédients

- **1 mangue bien juteuse, coupée et congelée**
- **1 banane en morceaux, congelée**
- **Une grosse poignée de jeunes feuilles d'épinard**
- **1-2 dl d'eau très fraîche**

Marche à suivre

Découper et congeler la banane et la mangue une fois pelées. Attendre 24 heures avant de faire la recette.
Sortir les fruits du congélateur 5-10 minutes avant de commencer, surtout si votre mixeur n'est pas un Vitamix.
Mélanger tous les ingrédients dans un mixeur puissant, et ne rajouter que l'eau nécessaire pour permettre à l'appareil de tourner les ingrédients. En réduisant ou en éliminant la quantité d'eau utilisée, on obtient une crème glacée plutôt qu'une boisson fraîche et onctueuse.

LE SAVIEZ-VOUS?

Comme expliqué sous la section des smoothies verts, rappelons ici que le mélange de fruits et de verdures permet de ralentir l'absorption et la métabolisation du sucre contenu dans les fruits, grâce aux minéraux présents dans les verdures. Cette association est idéale pour consommer des fruits sans risquer un pic du **taux de glycémie dans le sang**.

CRÈME GLACÉE FRAISE ET BANANE

La banane est l'ingrédient de base des glaces crues, car elle est onctueuse et naturellement douce. Des versions plus sophistiquées utilisent des noix de cajou ou de macadamia pour donner du corps et une texture plus dense.

LE SAVIEZ-VOUS?

Pour confectionner une **glace crue**, plusieurs techniques sont possibles. La première est de mélanger tous les ingrédients, pelés et découpés en morceaux de 2 cm avant d'être congelés, dans un mixeur très puissant (type Vitamix) ou un robot assez solide. Attention, car broyer une matière glacée peut endommager le moteur d'un appareil bon marché. La seconde manière est d'utiliser un extracteur à jus avec le cône à broyer. La dernière est l'usage d'une machine à glace ou sorbetière.

Ingrédients

- **2 bananes mûres congelées**
- **125 g de fraises (en réserver quelques-unes)**
- **1 cuillère d'éclats de cacao cru**

Marche à suivre

Insérer des fraises entre les morceaux de bananes congelés dans l'extracteur à jus muni du cône à broyer, ou mélanger tout ensemble dans un mixeur ou un robot. Dans les deux derniers cas, des fraises congelées donneront un meilleur résultat, car la crème fond assez rapidement.
Bien mélanger et servir aussitôt. Recouvrir de tranches de fraises. Saupoudrer de quelques éclats de cacao cru, avant de déguster.

BANANA SPLIT

L'attrait du « banana split » réside principalement dans la sauce au chocolat. Voici une version crue de sauce au chocolat qui peut servir pour d'autres desserts.

Ingrédients (pour 1 portion)

- **1 banane**
- **2 boules de crème glacée fraise et banane (cf. p. 104)**

POUR LA SAUCE

- **45 g de poudre de cacao**
- **4 cs d'huile de noix de coco**
- **4 cs de sirop d'agave**
- **½ cc de poudre de vanille**
- **1 pincée de sel**

Marche à suivre

Mélanger les ingrédients de la sauce dans un petit bol. Il est préférable que l'huile de coco soit bien fondue pour mieux se mélanger. Si nécessaire, ajouter un petit peu d'eau chaude pour affiner la sauce.

Pour la mise en place, disposer dans l'assiette une banane coupée en deux, dans le sens de la longueur, accompagnée de deux boules de crème glacée fraise et banane, et recouvrir de sauce au chocolat (attention, elle se fige rapidement en contact avec le froid).

Servir avec quelques baies fraîches et/ou des amandes, noix ou pistaches concassées.

LE SAVIEZ-VOUS?

Les desserts en alimentation vivante sont riches et délicieux. Ils constituent à eux seuls des mets qu'il est recommandé de **manger à part** plutôt qu'en fin de repas. Un des objectifs principaux est en effet de faciliter la digestion. On évitera donc de manger des mets sucrés, à base de fruits, après le repas.

TARTE À LA PÊCHE

Une jolie tarte de saison ! En alimentation vivante, on ne se prive pas de ces délices !

LE SAVIEZ-VOUS?

Afin d'améliorer la digestibilité et la « nutrivitalité » des noix, on recommande de les **tremper pendant plusieurs heures** avant de les consommer. Ainsi les puristes auront laissé tremper les noix une nuit auparavant, puis les auront déshydratées, afin qu'elles soient sèches pour cette recette.

Ingrédients pour le fond de tarte

- **180 g de noix de pécan (ou amandes)**
- **1 cc de cannelle**
- **1 pincée de sel**
- **6 grosses dattes dénoyautées**

POUR LA GARNITURE :

- **5 pêches blanches mûres à point, dont 4 en tranches et une en morceaux**
- **1 cs de sirop d'agave ou de miel**
- **½ cc de poudre de psyllium, en option**
- **le jus d'½ citron**

Marche à suivre

Afin d'améliorer la digestibilité et la « nutrivitalité » des noix, on recommande de les tremper pendant au moins 6 heures avant de les consommer.
Moudre les noix avec les épices dans un robot ménager (avec la lame en « S »), puis rajouter les dattes dénoyautées, une à la fois, afin d'obtenir un « crumble » qui colle bien entre les doigts. Étaler puis appuyer fermement cette masse dans le fond d'un moule. Mettre au frigo ou au congélateur pour raffermir, le temps de préparer les fruits. On peut aussi déshydrater ce fond de tarte 4-5 heures pour une texture plus ferme.
Mélanger la pêche avec les autres ingrédients dans un mixeur pour obtenir un sirop épais. Le verser dans le fond de la tarte, puis recouvrir avec les 4 pêches en tranches. Réfrigérer pendant au moins une heure avant de servir, afin que le fond se raffermisse.

TARTE AU CHOCOLAT

Pour clôturer en beauté ce livret de recettes, voici une tarte plus élaborée, digne de belles fêtes en heureuse compagnie !

Ingrédients pour le fond de tarte

- **120 g de poudre de noix de coco**
- **180 g de noix**
- **6 grosses dattes dénoyautées**
- **1 pincée de sel**

Marche à suivre

Broyer la noix de coco, les noix et le sel au robot pour obtenir un « crumble ». Ne pas mélanger trop longtemps, au risque d'extraire les matières grasses des noix.
Ajouter ensuite les dattes et bien incorporer à la masse. Étaler ce mélange dans un moule à tarte en appuyant uniformément. Le fond de tarte durcira après avoir été refroidi au minimum pendant une heure au réfrigérateur.

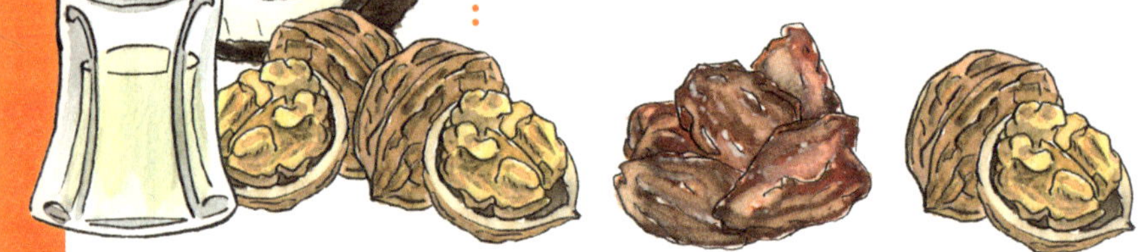

Ingrédients pour la crème au chocolat :

- **4 grosses dattes dénoyautées, trempées entre 1 et 4 heures**
- **125 ml de sirop d'agave**
- **3 avocats bien mûrs**
- **135 g de poudre de cacao cru ou de caroube**
- **1 cc de poudre de vanille**
- **1,25 dl d'eau**

Marche à suivre

Mélanger les dattes avec le sirop d'agave au robot ou au mixeur, pour obtenir un sirop épais. Séparément, écraser les avocats en une mousse lisse. Mélanger le sirop avec les avocats dans le robot, puis ajouter la poudre de cacao, la vanille et l'eau petit à petit pour obtenir une mousse épaisse et onctueuse. La verser dans le fond de tarte et réfrigérer quelques heures avant de servir. La tarte s'améliore en tenue après 24 h au frigo (service et découpe plus faciles).

INDEX DES INGRÉDIENTS

Bibliographie

Les ouvrages suivants m'ont accompagnée et inspirée durant tout mon chemin d'apprentissage dans l'alimentation vivante. Cette liste n'est pas exhaustive, mais comprend les ouvrages qui m'ont le plus marquée. J'en ai tiré de nombreux enseignements utiles et transformateurs.

Ouvrages en anglais

Alt, Carol. « The Raw 50 », Clarkson Potter, 2007.

Amsden, Matt. « Rawvolution », HarperCollins, 2006.

Boutenko, Victoria. « Green for Life », Raw Family Publishing, 2005.

Boutenko, Victoria. « Green Smoothie Revolution », North Atlantic Books, 2009.

Campbell, T. Colin and Campbell, Thomas M. « The China Study », Benbella Books, 2006.

Carr, Kris and Chef Chad Sarno. « Crazy Sexy Kitchen », Hay House, 2012.

Clement, Dr. Brian R. « Life Force », Healthy Living Publications, 2007.

Cohen, Alissa. « Living on Live Food », Cohen Publishing Company, 2004.

Cornbleet, Jennifer. « Raw Food Made Easy », Book Publishing Co., 2005.

Cousens, Gabriel, M.D. « Rainbow Green Live-Food Cuisine », North Atlantic Books, 2003.

Engelhart, Terces and Orchid. « I Am Grateful, Recipes and Lifestyle of Café Gratitude », North Atlantic Books, 2007.

Gates, Donna. « The Body Ecology Diet », Hay House, 2011.

Gottfried, Sara M.D. « The Hormone Cure », Scribner, 2013.

Graham, Dr. Douglas N. « The 80/10/10 Diet », FoodnSport Press, 2006.

Kenton, Leslie. « The Power House Diet », Vermilion, London, 2004.

Kenton, Leslie. « The Raw Energy Bible », Vermilion, London, 1998.

Knowler, Karen. « Raw Food Made Simple », Raw Food Coach Media, 2010.

Phyo, Ani. « Ani's Raw Food Kitchen », Marlowe and Co., 2007.

Rose, Natalia. « The Raw Food Detox Diet », HaperCollins Pubishers, 2005.

Safron, Jeremy A. « The Raw Truth », Celestial Arts, 2003.

Schenck, Susan. « The Live Food Factor », Awakenings Publications, 2006.

Shannon, Nomi. « The Raw Gourmet », Alive Books, 1999.

Shazzie. « Detox Your World », Rawcreation Ltd, 2003.

Soria, Chérie and Davis, Brenda and Vesanto, Melina. « The Raw Food Revolution Diet », Book Publishing Co., 2008.

Underkoffler, Renée Loux. « Living Cuisine », Penguin Group (USA), 2003.

Vitti, Alissa. « Woman Code », HarperOne, 2013.

Walker, Dr. Normann W. « Fresh Vegetable and Fruit Juices », Norwalk Press, 1970.

Wood, Kate. « Eat Smart Eat Raw », Grub Street, 2002.

Wood, Kate. « Raw Living », Grub Street, 2007.

Ouvrages en français

Berg, Christophe. « Le grand livre de la cuisine crue », Éditions La Plage, 2014.

Clement, Brian. « Alimentation, Vitalité, Longévité », Éditions Jouvence, 2006.

Clement, Dr. Anna Maria et Serbonich, Chef Kelly. « Cuisine vivante pour une santé optimale », Éditions Biovie, 2009.

Côté, David et Gallant, Mathieu. « Crudessence », Les Éditions de l'Homme, 2011.

Couplan, François. « L'Herbier à croquer », Éditions Favre, Lausanne, 2004.

Cupillard, Valérie et Emmanuel. « Tout Cru », Éditions La Plage, 2007.

Cusin, Jean-Pascal. « Les secrets de l'alimentation vivante », Éditions Albin Michel, 2012.

De Keuleneer, Françoise et Grégoire, Pol. « Vitalité gourmande : Les secrets de l'alimentation vive ». Éditions Soliflor, Bruxelles, 2014.

Dogna, Michel. « Pratique de la cure Gerson et Kelly », Guy Trédaniel Editeur, 2009.

Dougoud Chavannes, Carole. « Les graines germées de A à Z », Éditions Jouvence, 2009.

Frédéric, Marie-Claire. « Ni cru ni cuit, Histoire et civilisation de l'aliment fermenté », Alma Editeur, 2014.

Guillain, France. « Le Miam-ô-Fruits », Éditions du Rocher, 2012.

Hervé-Pairain, Colette et Pairain, Nadège. « Les incroyables vertus des smoothies verts », Éditions Jouvence, 2011.

Kenton, Leslie et Susannah. « L'énergie du cru », Éditions Jouvence, 1995 (traduit de l'anglais, édition originale 1984).

Louis, Linda. « Délices déshydratés », Éditions La Plage, 2012.

Taty, « Fruits de la vie », Collection Cuisine Nature, 2009.

Taty, « Le cru bien tempéré », Collection Cuisine Nature, 2003.

Trotter, Charlie et Klein, Roxanne. « Cru », Agnès Vignon Éditions, 2004.

Walker, Dr. Normann W. « Votre santé par la diététique et les salades crues », Éditions d'Utovie, édition française 2008 (original 1971).

Wigmore, Ann. « L'herbe de blé : source de santé et de vitalité », Éditions Jouvence, édition française 2001 (original 1985).

Wood, Kate. « Cru », Modus Vivendi, 2010.

Conclusion et remerciements

J'espère que ces recettes simples vous auront inspiré à augmenter la part de cru dans votre alimentation quotidienne. Que la belle saison soit l'inspiration qui vous manquait pour tester par vous-même tous ses bienfaits !

Depuis 2007, au sein de la communauté Simplement Cru, j'ai le plaisir de partager ma passion pour une alimentation vivante et vivifiante et des pratiques quotidiennes qui nous aident à atteindre une santé optimale. Ces livres de recettes sont la suite logique de mes partages, et j'espère qu'ils aideront de nombreuses personnes à vivre en pleine conscience dans un corps et un esprit sains. Ma démarche est de démystifier autant que faire se peut cette approche et de la rendre accessible à tout le monde.

Je tiens à remercier ici les personnes qui m'ont inspirée dès le début de mon aventure crue : Lisa Jeans, Leslie Kenton, Karen Knowler, Dr. Brian Clement, Russell James, Jennifer Cornbleet, Sarma Melngailis, Alissa Cohen, Dr. Annamarie Lozcalzo, Kevin Gianni, et beaucoup d'autres auteurs et experts. Merci aux éditions Soliflor de m'avoir fait confiance en me proposant ce beau projet. Toute ma gratitude s'adresse bien entendu à ma famille : mes parents et mes sœurs pour leurs encouragements et leur confiance, mon mari pour sa présence et sa force, et mes trois filles pour les merveilleuses personnes qu'elles sont.

FSC
www.fsc.org
MIX
Paper from responsible sources
FSC® C008551

Dans un souci de développement durable :
- Ce livre a été imprimé sur un papier Munken Print certifié FSC. Cette labellisation garantit que le papier est issu de forêt gérées durablement : coupe de bois permettant le respect de la biodiversité, culture d'essences adaptées aux milieux, respect des droits des populations locales et des travailleurs forestiers...
- Les encres utilisées pour l'impression sont des encres végétales.
- L'ensemble des déchets produits lors de la production de ce livre sont recyclés ou éliminés de façon conforme à la réglementation en cours en Belgique.

Achevé d'imprimer en avril 2015
sur les presses de l'imprimerie les Éditions européennes